www.ani-ami.org

שבועות
Seder para Shavuot

Rab Dan ben Avraham, reconocido presidente y fundador de la Alianza Netzarita Internacional (AniAMI), ha preparado cuidadosamente este Seder especial de Shavuot en español e ingles.

Además de su papel en la Alianza AniAMI, el Rab es un autor prolífico, habiendo escrito una serie de libros que han sido traducidos a varios idiomas, incluyendo inglés y francés. Su trabajo literario, impregnado de la riqueza de la tradición judía Netzarita, ha resonado con gran profundidad en la comunidad hispana de creyentes en Yeshua Ben Yosef como el Mashiaj prometido a la casa de Israel.

Lo que distingue a Rab Dan ben Avraham es su dominio versado en diversas áreas de la teología; posee un conocimiento profundo tanto del cristianismo como del judaísmo. Pero es su especialización en el judaísmo del Segundo Templo lo que lo sitúa como una figura única y relevante en el pensamiento bíblico y teológico contemporáneo. Este libro es un testimonio de su sabiduría y su dedicación a la propagación de su fe.

No se permite la reproducción de este Seder en ninguna forma, ni su anexión a ningún sistema informático, ni su trasmisión en cualquier forma ni en cualquier medio, excepto breves citas con señalamiento de la fuente o permiso escrito y notarizado de la editorial.

Todos los derechos reservados
Rab Dan ben Avraham
2024

Desarrollado para la Alianza Netzarita Internacional AnAMI.

contacto@ani-ami.org
www.ani-ami.org
www.rabdanbenavraham.com

ISBN: 9798326076489

SEDER PARA
SHAVUOT

...

SECCIÓN EN ESPAÑOL

Alianza Netzarita Internacional
AniAMI

Por:

Rab Dan Ben Avraham

www.ani-ami.org

Seder para Shavuot

Shavuot
La fiesta de las Semanas

Es la festividad donde se conmemora la entrega de la Torá al Pueblo de Israel, a través de Moisés en el monte Sinaí. Este es la segunda de las tres fiestas de peregrinación mencionadas en la Torah (Pesaj, Shavuot y Sucot), donde cada judío debe subir a Israel para consagrar la festividad y ofrecer las ofrendas mencionadas en la Torá.

La Festividad de Shavuot se celebra siete semanas después de Pesaj, es por ello que su nombre es Shavuot, ya que se deben contar sietes semanas para recibir la Torá.

> "Contarás siete semanas, comenzando a contar las siete semanas desde el momento en que se mete la hoz en el sembrado. Entonces harás la Fiesta de Shavuot (Semanas) en honor a HaShem tu D-os. Darás [ofrenda] de tu mano de manera abundante y voluntaria, conforme HaShem tu D-os te haya bendecido. Y te regocijarás en presencia de HaShem tu D-os"

La palabra hebrea plural "Shavuot" (שָׁבוּעוֹת) viene de la singular "shavúa" (שָׁבוּעַ) cuyo significado es "semana".

El día de Shavuot es Yom Tov (día festivo) según las Escrituras, por lo cual no se realizan trabajos. En Israel es celebrada 1 día, y fuera de Israel son 2 días de festividad, siendo que cada día comienza con la puesta del sol, y finaliza con la salida de estrellas del día siguiente.

Durante la festividad se acostumbra a comer lácteos, acompañados por las siete especies características de Israel: trigo, cebada, aceitunas, dátiles, uva, higos y granadas. Como lo dice en las Escrituras:

> "Tierra de trigo y de cebada; de viñas, higueras y granados; de miel de dátil y de olivares". Deuteronomio 8:7-8

Los nombres de la festividad

Esta festividad ha recibido varios nombres en las escrituras, y cada uno de ellos posee un contenido profético relaciona a la misma:

Jag HaShavuot (Fiesta de las semanas): Recibe este nombre pues se celebra al finalizar las siete semanas de Sefirat Ha'omer (Cuenta del Omer) cuya cuenta diaria se había emprendido en la segunda noche de Pésaj.

Jag HaShavuot: ya que hay dos juramentos durante la fecha (Shvuá שבועה: quiere decir juramento en hebreo). Uno de los juramentos fue del pueblo de Israel de cumplir con los mandatos de la Torá y el otro fue de D-os quien al dar la Torá al pueblo de Israel juró que iba a ser su pueblo elegido y no iba a cambiarlo nunca.

Zeman Matan Toraténu (Época de la Entrega de nuestra Torá): Según la tradición bíblica, esta es la fecha en la cual el Pueblo Judío recibió la Torá (la Ley), en el Monte Sinaí. Algunos preguntan: ¿Por qué llamarla entrega de la Torá y no recibimiento de la Torá? La respuesta de muchos rabinos fue que en esa ocasión el Creador le dio al pueblo de Israel la Torá con leyes que antes nunca tuvo; sin embargo, recibirla es algo que el pueblo de Israel hace cada día con la Parashá de cada semana y el estudio de la Torá semana a semana.

Jag Hakatzir (Fiesta de la Cosecha): En la Tierra de Israel, esta es la época de la cosecha, especialmente la del trigo.

Jag Habicurim (Fiesta de las Primicias): La Fiesta de Shavuot marcaba el principio de la época para ofrendar los primeros frutos (Bicurim).

Seder para Shavuot

Atséret (Conclusión): En fuentes rabínicas, Shavuot se menciona como conclusión, pues los sabios la consideran ligada a la festividad de Pésaj, siendo la conclusión histórica de la misma.

❙ Leyes básicas

> Según la tradición Sefardí inspirada en el Shulján Aruj y adaptada los creyentes en Yeshua como Mashiaj.

1. Desde Rosh Hodesh (comienzo de mes) Siván hasta 6 días después de Shavuot no se dice Tahanún (oraciones de perdón) debido al concepto de alegría por recibir la Torá.

2. Debemos purificarnos y santificamos la víspera de Shavuot para completar el período de preparación de 7 semanas del Omer que preceden la recepción de la Torá.

3. Shavuot se santifica en la Diáspora los dos (2) días, el 6 y 7 de Siván. Son dos días de Yom Tov. (Días festivos), por lo que ya se ha explicado, en la Alianza, sobre un Yom Tov.

4. Se acostumbra adornar con flores las congregaciones y en los alrededores donde se guarda los Sifré Torá. (Libro de la Torá), así como las casas.

5. Si no se hicieron los adornos en la víspera de Shavuot, puede hacerlos en Shavuot mismo, a condición de preparar de antemano flores para este objetivo.

6. Si la víspera de Shavuot cae en Shabat, no se pueden hacer los adornos ese día, aun si las flores fueron preparadas de antemano el viernes, pues no se deben hacer arreglos en Shabat para el Yom Tov.

7. En la noche de Shavuot, el Kidush se dice no antes de la caída de la noche, pues Shavuot entra una vez transcurridas 7 semanas

enteras a partir de Pesah, y el día 49 sólo se completa a la caída de la noche.

8. Se acostumbra entre los Jasidim trasnochar y hacer vigilia la primera noche de Shavuot para estudiar temas relacionados a Shavuot que comprende trozos de Tanaj(Biblia) y del Código Real (como, por ejemplo, Guevurot/Hechos 2) en honor a la Torá que recibimos nuevamente en esta fecha. Una gran importancia es atribuida a ese estudio. Solo puede hacerse si las personas son capaces de estar luego despiertas para el Servicio de Shajarit (Matutino) que le sigue a las 6 am.

9. Se suele recitar durante Shavuot, Meguilat Rut, el libro de Rut que fue la antepasada del Rey David, nacido y fallecido justamente el día de Shavuot.

10. Se acostumbra comer miel y comidas lácteas; en Shavuot también se debe comer carnes; No acostumbramos a mezclar carnes con lácteos, por ello lo recomendable es que en el seder de Shavuot se coman productos lácteos y en la tarde al día siguiente comer carnes. De esta manera cumplimos con el precepto de comer carnes y lácteos, y nos cuidamos de no mezclarlos.

Oraciones especiales

1. Es una buena costumbre recitar en la noche de shavuot el Salmo 68 y el salmo 122, seguido del Kadish del Mashiaj.

2. Se debe recitar la bendición Shehejeyanu, la cual es recitada por llegar a un acontecimiento importante:

"Baruj Atá Adonay, Elohenu Melej ha'olam, Shehejeyanu, Vekiyemanu, Vehigui'anu, lazemán hazé".

Bendito eres Tú, Eterno, Eloah nuestro, Soberano Rey del Universo, que nos ha hecho vivir, nos ha preservado y nos ha hecho llegar (sanos y salvos) a esta temporada".

שבועות
Seder para Shavuot

3. En la mañana de Shavuot, se recitan los siguientes salmos de alabanzas y exaltación: 113, 114, 115, 116, 117, 118. Estos salmos proclaman al Creador por sus hechos maravillosos. (Son especiales para ser dichos en Shavuot)

4. Las porciones correspondientes de La lectura de la torah en Shavuot, se encuentra en:

- Shemot (Éxodo) 19:1-20:23) Parashá que relata la convocación del pueblo ante el Monte Sinai para recibir la Torá y la transmisión de los Diez Mandamientos.
- Bamidbar (Números) 28:26-31
- Haftará: Vayhi Bishloshim Shaná (Yeheskel 1:1-28-3:12)
- Código real: Guevurot (Hechos) 2:1-47

5. En la salida de Shavuot se dice Havdalá (separación del día festivo) sobre el vino con sólo dos Bendiciones: Haguefen (Sobre el vino) y Hamavdil (distinción entre lo sagrado y lo secular).

6. Es importante tener la Kavana (concentración e intención) correcta al momento de las oraciones y todo el servicio de Shavuot, ya que en esta festividad hay mucha fuerza espiritual para recibir la Torá en los corazones y para atraer la entrega de la Torá para el núcleo familiar.

Introducción

Como sabemos, Shabuot marca dos momentos sagrados en la historia de nuestra nación:

> La entrega de la Toráh y la creación de Israel como nación del pacto (Haciendo un llamada sagrado para una relación especial con el Eterno).

Ambas ideas son contempladas en este Seder que han de ser seguido bajo la idea de considerarnos a cada uno de nosotros, allí presentes en el Monte Sinaí, en aquel magnífico día de nuestra historia, del año 2448 desde la Creación de Adám en donde el Creador bendito firmo un acta de Matrimonio eterno con la novia, nuestro Pueblo Israel.

En este día se conmemora Ma'amad Har Sinai (la entrega de la Torá en el monte Sinaí) la entrega de las 2 tablas de piedra a Moisés. Este es un día especial, donde cada quien con corazón delante del Creador le pide que cumpla sus deseos y que permita que nuestros pasos estén alineados con los caminos de D-os.

Es una Celebración de alegría, danzas, agradecimiento y Fe en el Eterno, con quien renovamos nuestro matrimonio y le presentamos nuestro corazón dispuesto a servirle solo a Él.

Esta fiesta también es llamada la fiesta de las primicias, pues en ese día se aportaba al Templo una ofrenda de dos panes hechos de las primicias de trigo de la nueva cosecha. La Tora, la llama la "nueva ofrenda" simbolizando así la renovación espiritual que se opera en nosotros al recibir nuevamente la Tora.

Shavuot, es el aniversario del encuentro de HaShem con el pueblo hebreo, hace más de 3300 años, en una pequeña montaña llamada Sinaí. Fue la primera vez que el Creador del Universo se manifestó con Su Presencia Divina ante toda la nación hebrea. Cincuenta días después de la salida de Egipto, el pueblo hebreo recibió La Torá en el monte Sinaí.

Así el pueblo hebreo pasó de ser un pueblo de esclavos, a convertirse en el pueblo al que se le encomendó la misión de atraer la luz Divina y ser un pueblo de sacerdotes para el servicio del D-os de Israel.

En Shavuot celebramos ese acontecimiento y renovamos nuestras fuerzas para cumplir con esa misión.

Seder para Shavuot

Lista de Preparación para el Seder

Para que este Seder cumpla su objetivo, los siguientes elementos deben estar presentes:

- Dos panes grandes con levadura, representando ambas Casas de Israel
- Sal, representando la irreversibilidad del Pacto de D-os
- Miel, representando la dulzura de la Torá
- Lácteos, representando la pureza de la Torá

> Uno de los motivos por los cuales en Shavuot comemos alimentos lácteos, está relacionado a los 40 días y 40 noches que Moshé pasó en el Monte Sinai (La palabra leche, en hebreo es: jalav, equivale numéricamente a 40.
>
> Además un nombre alternativo para el Monte Sinai es Har Gavnunim, la montaña de las cimas majestuosas. La palabra en hebreo para queso es gevina, relacionada etimológicamente a Har Gavnunim. La guematria de gevina (queso) es 70, correspondiente a las "70 caras de la Torá".

- Cinco Copas de Vino, representando los Cinco Libros de la Torá
- Cinco Niños seleccionados que hagan las Cinco Pregunta de Shavuot
- La Hagadah o Historia de Shavuot
- Cinco Copas de Vino, representando los Cinco Libros de la Torá
- Cinco Niños seleccionados que hagan las Cinco Pregunta de Shavuot
- La Hagadah o Historia de Shavuot
- Sonido de Shofar previo a cada uno de los Diez Mandamientos

- Plato con los Siete Frutos por los cuales la tierra de Israel es alabada. Los cuales son: trigo, cebada, aceitunas, dátiles, uva, higos y granadas.
- Un vaso de agua para cada comensal.

> Coloca una marca en cada elemento que vas colocando y verifica que todo esté en su lugar correcto y preparado para el Seder

Orden del seder de Shavuot

Para que las personas puedan conducir el Seder en forma ordenada, han sido instituidos 18 Simanim (símbolos, palabras claves) que nos ayudarán a recordar el orden más fácilmente.

Todos estos símbolos aluden a grandes y profundos misterios relacionados con el Mashiaj y la redención final. También guardan relación con la palabra "Vida", en hebreo: Jay, cuyo valor numérico es 18, y nos habla de la vida representada en la Torah y la promesa de vida eterna que recibimos en los méritos de Yeshua como Mesías prometido a Israel y las naciones. Estos 18 Simanim son los siguientes:

Luminarias	1	Encendidos de las velas
Kidush	2	[Santificación] Bendición sobre primera copa de vino
Shehejeyanu	3	Bendición por la temporada
Bendiciones	4	Bendición sobre los hijos
Lavado	5	Lavado de las manos
Lejem	6	Bendición sobre dos porciones de pan
Leche y Miel	7	Untar el pan con miel e ingesta de lácteos
Kidush	8	Bendición sobre segunda copa de vino

Seder para Shavuot

Aguas	9	Purificación de las aguas
Preguntas	10	Preguntas sobre Shavuot
Hagadah	11	Relato de la entrega de la Torá
Kidush	12	Bendición sobre tercera copa de vino
Aseret Hadibrot	13	Proclamación de los Diez mandamientos
Shulján Orej	14	Comida de agradecimientos
Kidush	15	Bendición sobre cuarta copa de vino
Kadish LeMashiaj	16	Kadish impuesto por Yeshua HaMashiaj
Kidush	17	Bendición sobre quinta copa de vino
Birkat Hamazon	18	Bendición sobre los alimentos después de comer

1. Luminarias
Encendido de las velas

La madre, con su cabeza cubierta en señal de recato, enciende las luces y luego confiesa la siguiente bendición.

"Bendito seas Tú, Eterno, Soberano del universo y Rey del Mundo, que has consagrado a tu pueblo Israel con tus preceptos y que por los méritos interpuestos por el Mashiaj Yeshúa, nos has acercado, y nos has hecho participe del precepto de encender la candela del (en shabat se dice: Shabat y del) día festivo".

Oración después del encendido de candelas

Sea tu voluntad, Adonay, Eloah nuestro y Rey del universo, que tengas compasión y misericordia de mí, y que actúes con gran bondad hacia mí al concederme hijos que cumplan Tu voluntad y que sean temerosos del Cielo y observen tus leyes u ordenanzas con motivos puros. Que ellos irradien Luz de la Fe obediente, y sean imitadores de los pasos de Yeshúa el Mesías prometido a Israel. Que estas luminarias que encendemos traigan luz al mundo, como está escrito: "Pues el precepto es candela, y la Torá es luz", y también ten compasión y misericordia de mi esposo (mencionar el nombre del esposo), y concédele una larga vida y años de paz, con bendición y prosperidad. Y ayúdale a cumplir Tu voluntad con integridad y Emunah.

Que así sea Tu voluntad. "Que la dulzura del Eterno este sobre nosotros. Que El establezca para nosotros la obra de nuestras manos; que afirme la obra de nuestras manos" (Salmo 90:17). "Que la expresión de mi boca y la meditación de mi corazón sean aceptables delate de Ti, oh Eterno, mi Roca y mi Redentor" Salmo 19:14

2. Santificación

Bendición sobre primera copa de vino

A continuación se sirve la primera Copa de Vino en honor del primer Libro de la Toráh: Bereshit.
Se procede a la recitación del Kidush de las festividades. Si el festival cae el viernes en la noche (día de Shabat), se comienza por el texto "Yom hashishi/ en el sexto día", un extracto del libro de Bereshit/ Génesis 1:31 – 2:1-3, el cual es el siguiente texto:

"En el sexto día, fueron acabados los cielos y la tierra y todas sus huestes. Y D-os acabó en el séptimo día su obra que había hecho, y descansó de toda Su obra que Él había hecho. Y Elohim bendijo al séptimo día y lo santifico, porque en él descansó de toda Su obra que D-os había creado para hacer".

Seder para Shavuot

> Si el festival cae entre semana, se comienza con el siguiente texto que inicia diciendo: "Estos son los festivales designados".

Estos son los festivales designados del Eterno, las convocaciones de Kedushá (para consagración) que ustedes convocaran en sus tiempos designados Y Moshe hablo de los festivales designados del Eterno a los hijos de Israel. (Vayikra/Levítico 23:4).

Tres veces al año se presentaran todos tus varones delante del Eterno tu D-os en el lugar que El escoja: en el festival del Jag hamatzot/fiesta del pan ázimo, en el festival de Shavuot/fiesta de las semanas y en el festival de Sucot/fiesta de las cabañas. Y ninguno se aparecerá vacío en presencia del Eterno: cada hombre según el don de su mano, acorde con la bendición que el Eterno tu D-os te haya otorgado. (Debarim/Deuteronomio 16:16-17)

> En el día de shabat se agrega:
> Por eso el Eterno bendijo el séptimo día y lo consagro.

IMPORTANTE: Se procede a decir la bendición sobre la copa de vino, (se debe tener en mente las otras 4 copas).

"Bendito eres, Tú, Eterno, Eloah nuestro, Rey del Universo, que creas el fruto de la vid. Amén.

> Aun no se bebe de la primera copa, sino hasta después del LeHayyim del paso número 3 Shehejeyanu.

Bendito eres, Tú, Eterno, Eloah nuestro, Rey del Universo, que has escogido a tu Pueblo Israel de entre todos los pueblos y los has elevado sobre todas las lenguas, y los has consagró con tus preceptos; y que por los méritos interpuestos por el Mashiaj Yeshúa, nos has acercado, y nos has hecho participe, Eloah nuestro, con amor y beneplácito (en Shabat: a los días de Shabatot para el descanso y) a las festividades para la alegría; fiestas y celebraciones de regocijo; (en shabat: en este día de Shabat y) en este día de la fiesta de las semanas; y en este día festivo proclamado sagrado, en conmemoración de la entrega de la Torá, (en Shabat: con amor) sagrada convocación, en recuerdo de la salida de Egipto. Pues nos has hecho partícipe del pueblo escogiste y nos consagraste habiéndonos limpiado y habiéndonos acercados; (en Shabat: y los Shabatot y) a Tus sagradas festividades (en Shabat: con amor y voluntad) con alegría y regocijo nos hiciste ser parte de la rica savia del olivo natural. Bendito eres Tú, Eterno que santifica (en Shabat: el Shabat), a Israel y las temporadas".

3. Shehejeyanu
Bendición por la temporada

La siguiente bendición es dicha en los dos días de Shavuot

"Baruj Atá Adonay, Elohenu Melej ha'olam, Shehejeyanu, Vekiyemanu, Vehigui'anu, lazemán hazé".

Bendito eres Tú, Eterno, Eloah nuestro, Soberano Rey del Universo, que nos ha hecho vivir, nos ha preservado y nos ha hecho llegar (sanos y salvos) a esta temporada".

Primer LeJaim comunitario en honor al festival y en honor al Sefer Bereshit. Al concluir la bendición previa, el líder dirá:

"Por la vida, por la salud, por este Día de la Toráh, por este Día de la Conversión Nacional de todo nuestro pueblo, por este día del nacimiento de la Kehiláh, por este día de alegría y de recepción de regalos, de milagros Arriba en los Cielos y Abajo en la tierra, por el primer Sefer Bereshit, el Primer libro de la Toráh, con HaShem, con la Luz escondida Mashiaj, con Avraham, Yitzaj y Yaakov" ¡LeJaim!

Luego de decir: Lehayyim. Todos beben de la primera copa.

4. Bendiciones
Bendición sobre los hijos

A continuación el padre (en su defecto la Madre o representante, bendice a sus hijos presentes y envía su bendición a sus hijos ausentes que estén vivos).

Esta bendición es establecida por D-os para los hijos de Israel en el libro de Bemidbar/Números 6:24-26.

Para un hijo:

"Iesimejá Elohim keEfraim, vejiMenashé. iebarejejá Adonay veyismereja: iaer Adonay panaj eleja vijuneka, isá Adonay panav eleja, veiasem lejá: Shalom".

Que el Eterno te haga como Efrayim y Menashe. "Que el Eterno te bendiga y te preserve; Que el Eterno ilumine Su rostro hacia ti y te otorgue gracia; que el Eterno eleve Su rostro hacia ti y ponga paz en ti.

Para una hija:

"Iesimejá Elohim keSará, Ribká, Rajel veLeá. iebarejejá Adonay veyismereja: iaer Adonay panaj eleja vijuneka, isá Adonay panav eleja, veiasem lejá: Shalom".

Que el Eterno te haga como Sará, Ribká, Rajel y Leá. "Que el Eterno te bendiga y te preserve; Que el Eterno ilumine Su rostro hacia ti y te otorgue gracia; que el Eterno eleve Su rostro hacia ti y ponga paz en ti.

5. Netilat Yadaim
Lavado de las manos

Después del lavado las manos, no se habla hasta la bendición sobre el pan y haber comido una porción.

Nota: Se vierte agua desde la mano izquierda hacia la derecha, tres veces seguida. Luego se invierte el orden. No se vierte agua alternadamente. Se debe quitar todo anillo de los dedos. El agua debe rodar desde la muñeca hacia abajo, cubriendo los dedos. Después del lavado, se levantan las manos y se dice la bendición:

"Bendito eres Tú, Eterno, Eloah de Israel y también nuestro, Rey del Universo, que nos demandas tener manos limpias sin ira ni contiendas".

6. Lejem
Bendición por el pan

Se toma las dos porciones de pan y se bendice sobre ellos. La bendición por el pan del Shabat y en las festividades es dicha sobre dos panes completos grandes y hermosos.

"Baruj Atá Adonay, Elohenu Mélej Ha'olam, Hamotsi Léjem Min Ha'aretz".

Bendito eres Tú, Eterno, Eloah nuestro, Rey del Universo, que extrae el pan de la tierra" Amén.

La persona que haya partido el pan deberá rociarlo tres veces con sal, y decir: "HaShem Melej, HaShem Malaj, HaShem yimloj leolam vaed"; comer una porción y luego repartir a todos los presentes en su mesa.

7. Leche y Miel
Comer miel y lácteos

A continuación se parte otro pedazo de pan, se unta en miel, se da a todos y se dice: (esta costumbre es una referencia a la tierra de Israel como está escrito en éxodo 33:3)

Por la Torá que es más dulce que la miel. Por la apacible dulzura de los mandamientos. Por la bondadosa palabra de vida que nos da el sustento del alma, por Shavuot, el festival de la entrega de la Torá, por los méritos del Mashiaj el cual representa el pan de vida y su interpretación de la Torá la cual es más dulce que la miel. Entonces comamos todos juntos de este pan con la dulzura de la miel.

Todos comen una porción y se aseguran de dar a los niños más pequeños.
A continuación se toma algún producto lácteo, y se dice lo siguiente:

Uno no puede tener placeres en este mundo sin recitar una bendición previa. Recitar una bendición antes de comer equivale a "pedir permiso" a D-os, reconociendo que "el mundo, y todo lo que hay en él, es de D-os" (Tehilim/Salmos 24:1) y el Eterno es la verdadera fuente de todas las bondades de la vida. A continuación comeremos algo de lácteo, pero antes, haremos la bendición correspondiente:

Se procede a realizar la siguiente bendición:

"Baruj Atá Adonay Eloheinu melej haolam Shehakol nihya bidvaró"

"Bendito eres Tú, Eterno, Eloah nuestro, Rey del Universo, que todo fue
creado con su palabra". Amén

Luego de decir la bendición se procede a comer productos lácteos.

8. Kidush
Bendición sobre segunda copa de vino

A continuación se sirve la segunda copa de vino en honor al segundo Libro de la Torah: Shemot/Éxodo

"Es una mitzvá alegrarnos en el día de nuestros Festivales. Nos alegramos por la Torah, nos alegramos por el Pacto, nos alegramos por las promesas, nos alegramos por los regalos que el Cielo nos dará a partir de este día de Shavuot. Nos alegramos por el segundo libro de la Torah, el Sefer Shemot, por Moshé, por Aharón, por Miriam y por el misterio de la sangre del cordero untada en las puertas de las casas del Pueblo hebreo en Egipto: ¡LeHayyim!

Se procede a beber de la segunda copa.

 *Seder para Shavuot*

9. Aguas

▍*Purificación de las aguas*

Teniendo preparado un vaso con agua en la mesa se dice el siguiente escrito:

"Escrito está: Esparciré agua limpia sobre ustedes y seréis limpiados de todas nuestras inmundicias y de todos vuestros ídolos, y les daré un nuevo corazón, un corazón de carne y escribiré allí todas las palabras de mi Torah y derramaré sobre ustedes mi Espíritu de Kedushá y haré que andéis en mis Preceptos y guardéis Mis Mandamientos". Y además fue dicho: "Ya vosotros estáis limpios por la Torah Oral que os he dado".

Se procede a cantar la canción de las Aguas de purificación

/ Ushavte maim b'sason mimainei haieshua //x2
// Maim //x4 hey, maim b'sason
// Maim //x4 hey, maim b'sason
// Hey //x4
// Maim //x6 hey, maim b'sason

Se toma en la mano el vaso con agua y en memoria de la promesa se dice lo siguiente:

En memoria de todo esto, bebamos este vaso con agua, las aguas de purificación, como fue dicho en los profetas: "Con gozo sacarás agua de los manantiales de la salvación; Porque derramaré agua sobre la tierra sedienta, y torrentes sobre la tierra seca".

Y también dijo nuestro Justo Mashiaj: "Si alguno tiene sed,

venga a mí y beba". Y también fue dicho por Yeshúa: "El que cree en mí como Mashiaj de Israel, de su interior correrán ríos de agua viva".

Se procede a beber del vaso de agua, dejando un rebi'it de agua (aproximadamente 86ml) para ser echadas sobre la cabeza.

Luego de derramar las aguas sobre la cabeza se dice:

"Ya vosotros estáis limpios por la Torah Oral que os he dado".

10. Preguntas
Cinco preguntas sobre Shavuot

A continuación, cinco niños se acercan al líder y le hacen cinco preguntas, cada una en relación con los cinco libros de la Toráh y del Festival. Si no hay 5 niños, uno al menos puede hacerlo. Si no hay niños, uno o varios adultos pueden hacer las preguntas al líder para que se inicie la narrativa del Festival. En una cena comunitaria, es la oportunidad para llamar a todos los niños y reunirse alrededor del Rav o del Moréh que dirige.

"Me han dicho que los niños de la comunidad tienen CINCO PREGUNTAS para esta noche. Es muy bueno preguntar. Siempre hagan preguntas porque así adquirirán conocimiento profundo de las cosas. No teman nunca preguntar. ¿Quién tiene la primera pregunta?

Primera pregunta

¿Por qué esta noche es tan especial, que comemos pan untado con miel?

Esa es una gran pregunta. Y aquí está la respuesta: "La miel es muy dulce, extremadamente dulce y por eso se compara con la Toráh. Debido a la dulzura de la miel que se relaciona con la dulzura de la Toráh, hacemos de esta noche una noche especial, comiendo pan y miel, para que siempre recordemos que la Toráh es DULCE COMO LA MIEL".

Eloah le dijo al profeta Ezequiel lo siguiente: "Hijo de hombre, come lo que tienes delante: come este rollo, y ve a hablar a los israelitas. Yo abrí mi boca y él me hizo comer ese rollo. Después me dijo: Hijo de hombre, alimenta tu vientre y llena tus entrañas con este libro que yo te doy. Yo lo comí y era en mi boca dulce como la miel. (Yejezkel/Ezequiel 3,1-3).

De esto aprendemos que así como la miel es dulce en la boca, y así como la miel de los dátiles representa la abundancia y la nobleza de la producción de los vegetales en la tierra de Israel, así el estudio de la Toráh nos proporciona vida y riquezas, en esta edad presente y también en el mundo por venir. ¿Entiendes ahora por qué esta noche es tan especial que comemos pan untado con miel?

Segunda pregunta

¿Por qué esta noche es tan especial, que comemos lácteos después de la miel?

Esa es una excelente pregunta también. Y su respuesta no debes nunca olvidar: "La Torá es comparada con la leche, como dice el verso, "Como la miel y la leche [la Torá] se encuentra bajo tu lengua" (Cantar de los Cantares 4:11). Asi como la leche tiene la habilidad de nutrir al ser humano (es decir un bebé que es amamantado), así también la Torá provee la "nutrición espiritual" necesaria para el alma humana.

Además, el valor numérico de la palabra en hebreo para leche, jalav, es 40. comemos productos lácteos en Shavuot para conmemorar los 40 días que Moisés pasó en el Monte Sinai recibiendo instrucción sobre toda la Torá y que luego la transmitio a toda la Casa de Israel.

Por eso debes saber que la Toráh es la más grande herencia que el Eterno ha dado. Y así como la leche es el primer nutriente que nos sostiene cuando venimos a este mundo, así tambien la Toráh debe ser el primer nutriente espiritual que nos sostenga en esta vida y nos lleve luego, al mundo por venir. ¿Entiendes ahora por qué esta noche es tan especial que comemos lácteos en la Cena de Shavuot?

Tercera pregunta

¿Por qué esta noche es tan especial que los varones de la comunidad se quedan toda la noche estudiando Toráh y Mandamientos?

Te respondere esta maravillosa pregunta: "Hace mas de 3,000 años en la madrugada del día en el cual en pueblo hebreo recibio la Torá, cuando Eloah envió Su ángel, para revelar la Toráh, sucedió que todos los varones de la comunidad de Israel estaban durmiendo. Para corregir esa falta, los varones nos quedamos despiertos toda la noche de Shavuot mientras que las mujeres, que no se durmieron, pueden ir a sus casas a dormir.

Al quedarnos los varones toda la noche estudiando Toráh, queremos indicar así nuestra firme intención de que no podemos recibir la Toráh dormidos, sino despiertos, porque la Toráh no es solamente una herencia que llevamos escondida en el alma, sino también un estilo de vida que se expresa con el cuerpo y para ello, debemos estar despiertos, no dormidos. Nunca podemos separar el mundo material del mundo espiritual, como la Toráh no los separa.

En otras palabras, la Toráh debe marcar y santificar todos los aspectos de nuestra vida. Y para que nunca más olvidemos esta lección, los varones nos quedamos la noche entera de Shavuot despiertos, estudiando Toráh para ayudar a rectificar errores pasados del Pueblo de Israel, a cual por los meritos interpuestos por nuesto Justo Mashiaj, ahora nosotros tambien somos parte y coherederos de la herencia. ¿Entiendes ahora por qué esta noche es tan especial que los varones nos pasamos la noche entera de Shavuot estudiando Toráh?

Cuarta pregunta

¿Por qué esta noche es tan especial que adornamos la congregación y las Casas de Estudio con flores naturales y ramas verdes?

¡Muy buena pregunta! Como ves, tenemos nuestra casa adornada con flores naturales y ramas verdes. Tu pregunta no podría haber sido más oportuna. Aquí está la respuesta: "Hace mas de 3,000 años, cuando el Eterno dio los Diez Mandamientos que representan toda la Toráh, cada vez que Eloah hablaba con los hijos de Israel en el Monte Sinai todo el mundo se colmaba con el aroma de un bello perfume. El desierto, sin flores, se llenó de flores. El yelmo, sin vegetación, se llenó de árboles hermosos con verdes y saludables ramas. El desierto se volvió como el Jardín del Edén.

Y todo esto tiene un gran mensaje para nosotros. Por tanto, aprovecharé para contarles una historia: "Hubo una vez un rey tenía un jardín donde había mandado a plantar toda clase de bellas especies. Después de algún tiempo el rey salió a pasear y observar su jardín. Para su asombro él encontró que sus bellos jardines se habían llenado de cardos y espinos, y en ese preciso momento el rey decidió llamar a sus jardineros para que remuevan por completo el jardín. Pero de repente, al ver una rosa entre todos los espinos, él se arrepintió. Dijo el rey: Por esta rosa que he encontrado se salvará todo el jardín". Asi tambien por el mérito de la Torá se salvará todo el mundo. Y es por eso que adornamos esta Casa con flores naturales y ramas verdes". ¿Entiendes ahora por qué esta noche adornamos la congregacion y las casas con flores naturales y ramas verdes? Muy bien, ¿y quién tiene la quinta y última pregunta?

Quinta pregunta

¿Por qué esta noche es tan especial que leemos los Diez Mandamientos de pie y escuchando el sonido del shofar?

¡Magnífica pregunta! Sin ella no estaría completa esta noche. Esta pregunta tambien es importante contestar: "El día cuando el Eterno entregó la Toráh en Sinaí, grandes milagros ocurrieron. El monte Sinaí se llenó de luz. Muchos ángeles descendieron portando en sus manos antorchas encendidas, como si fueran lenguas de fuego, anunciando al pueblo las grandezas del regalo que habrían de recibir. De pronto, cientos de ángeles tomaron cada uno su shofar y el sonido de la trompeta iba en aumento y en aumento hasta que todo el universo se convirtió en una extraordinaria sinfonía.

Entonces, se hizo un profundo silencio. Y todo el Pueblo escucho la voz del Cielo entregándoles los mandamientos. Cada mandamiento iba precedido de un toque de shofar. Y luego se hacía silencio absoluto.

Y entonces se volvía oír la voz del Eterno revelando otro mandamiento. Y así sucedió hasta que se completaron los diez. En memoria de eso, los hijos y las hijas de Israel escucharon los diez mandamientos de pie, precedidos por el sonido del Shofar. ¿Entiendes ahora por qué esta noche es tan especial que leemos los Diez Mandamientos de pie y escuchando el sonido del shofar? Gracias niños. Y ahora por haber estado aquí conmigo y hecho todas estas cinco preguntas, les tenemos una sorpresa, les tenemos ¡caramelos de leche y miel!

> En recompensa al esfuerzo de los niños y para motivarlos en el estudio de la Torá, se les entrega caramelos de leche y miel.

11. Hagadá
▌ Relato de la entrega de la Torá

> En esta sección se beberá la Tercer Copa y se hará una breve explicación de Shavuot que conformará la Hagadah de Shavuot.

Está escrito en la Toráh: "Las primicias de los primeros frutos de tu tierra traerás a la casa de tu Eloah" Shemot/Éxodo 23:19.

Como ya lo señalamos, Shavuot es también la fiesta de las primicias, destacándose así como en otras fiestas de peregrinaje, la relación íntima del pueblo de Israel con la Tierra de Israel.

Antiguamente, en los días cuando el Templo estaba en pie, acostumbraban los campesinos ascender a Yerushaláyim para ofrendar los primeros frutos, en el Templo.

Hoy la costumbre se mantiene recordando, mirando y tocando las siete especies típicas por las cuales es conocida la tierra de Israel: "Tierra de trigo y cebada, de vides, higueras y granadas, tierra de olivos, de aceite y de miel".

12. Kidush

Bendición sobre la tercera copa de vino

Se procede a servir la tercera copa de vino y se dice lo siguiente:

"Por los frutos por los cuales es conocida la tierra de Israel. Porque tengamos un año de mucho fruto, riqueza, bienestar, paz, salud y prosperidad para nuestros hermanos en Israel y para nosotros en la diáspora, para todos los justos de las naciones que se han refugiado bajo las alas de nuestro Elohim, por los cercanos y por los lejanos, por la confirmación del pacto y de las promesas, por la paz, la salud y el bienestar de todos ustedes y de toda la Casa de Israel, por el tercer sefer de la torah, el Sefer Vaykrá o Sefer Hakohanin, por el Melej HaMashiaj, Sacerdote/kohen según la orden de MalkiTzedek" ¡LeJaim!

Se procede a beber la tercera copa

13. Aseret Hadibrot

Proclamación de los diez mandamientos

> En esta sección comenzaremos con la proclamación de los diez mandamientos, es el clímax de la festividad. La persona debe colocar mucha atención a cada palabra que a continuación se dirá, ya que si se abre el corazón la fuerza espiritual que hay en este día puede transformar almas y atraer la venida del Mashiaj por segunda vez.
>
> Este Seder ha sido preparado para ser dirigido por el padre de familia pero también dando oportunidad para que otros puedan participar en el mismo. De ahí la nomenclatura de Lector 1, 2, 3 etc. De haber más presentes, el líder tiene autoridad para hacer los arreglos pertinentes a fin que todos participen...

Lector No. 1

"En el mes de Siván, en Israel, se efectúa la cosecha. En esta época del año podemos ver las máquinas de los agricultores cosechando las verdes extensiones de kibutzim y moshavim. Después de la cosecha de los granos es el turno de los frutos de los árboles: peras, manzanas, uvas, duraznos, ciruelas, etc. Las sinagogas del país, como las de la diáspora, son adornadas con los productos de la naturaleza y la fiesta adquiere singular realce entre los pobladores agrícolas. En los kibutzim y moshavim se acostumbra desfilar presentando los frutos de la producción agrícola, costumbre que se ha extendido a presentar ante la comunidad las primicias de todas las áreas de la vida comunitaria también de la industria y también a los bebés nacidos durante ese año".

Lector No. 2

"Shavuot es la fiesta de la recepción de la Torá. No es solo la conmemoración de la Revelación Divina en el Monte Sinaí, a través de la promulgación de los Diez Mandamientos y de la ley oral y escrita por medio de Moisés, nuestro maestro. Shavuot es aquél momento en que la Torá fue dada, "Z'man Matan Toratenu". Es el día de la Toráh, el día de la Asamblea, el Día que marca la unión matrimonial entre el Eterno por un lado, como esposo, e Israel por el otro, como esposa y la Toráh, como el documento nupcial, la Ketuvá que nos une para siempre".

Lector No. 3

"Cada año, esta fecha tiene sobre nosotros una influencia espiritual propicia para nuestra integración espiritual a la Torá, y para la adaptación de nuestra vida a Su Verdad. Año tras año, recibimos nuevamente la Torá en Shavuot. Sin embargo, esto está condicionado por nuestra disposición para recibir este tesoro espiritual, que HaShem nos ha dado para nuestro beneficio eterno. Shavuot es también la fiesta de los primeros frutos -Yom Habikurim- Pues en este día, el pueblo traía al Templo una ofrenda de dos panes, hechos con el nuevo trigo de la primera cosecha del año. Por lo tanto, el nombre de "nueva ofrenda" simboliza la renovación espiritual por la que atravesamos cada vez que recibimos, una vez más la Torá".

Lector No. 4

La Fiesta de Shavuot debe impresionarnos y hacernos apreciar el maravilloso regalo que hemos recibido del Eterno aquel día, en el Monte Sinaí: la Torá, la cual debe guiar nuestras vidas. No debemos olvidar que la existencia de nuestro Pueblo depende totalmente del cumplimiento de las Mizvot. Sin la Torá, el destino de la Nación Judía hubiera sido como el de todas las naciones de épocas tempranas, que llegaron a ser imperios mundiales pero finalmente desaparecieron sin dejar rastros. La Torá es el corazón de nuestro Pueblo, y sin ella no hay Judaísmo. Si queremos que la Nación Judía continúe su existencia, debemos dirigirnos constantemente a la fuente de nuestro bienestar. De ese modo las futuras generaciones continuarán esta dorada cadena originada en el Monte Sinaí".

Lector No. 5

"Los israelitas llegaron al desierto de Sinaí a los tres meses de haber salido de Egipto. Después de partir de Refidín, se internaron en el desierto de Sinaí, y allí en el desierto acamparon, frente al monte, al cual subió Moisés para encontrarse con Eloah. Y desde allí lo llamó el ETERNO y le dijo: «Anúnciale esto al pueblo de Ya'akov; declárale esto al pueblo de Israel: "Ustedes son testigos de lo que hice con Egipto, y de que los he traído hacia mí como sobre alas de águila. Si ahora ustedes me son del todo obedientes, y cumplen mi pacto, serán mi propiedad exclusiva entre todas las naciones.

Aunque toda la tierra me pertenece, ustedes serán para mí un reino de sacerdotes y una nación santa." "Comunícales todo esto a los israelitas." Moisés volvió y convocó a los ancianos del pueblo para exponerles todas estas palabras que el ETERNO le había ordenado comunicarles, y todo el pueblo respondió a una sola voz: "Naase Venishma" Cumpliremos con todo lo que el ETERNO nos ha ordenado.

Continúa la lectura el líder; debemos prepararnos ya que se acerca la proclamación de los Diez mandamientos.

Así que Moisés le llevó al ETERNO la respuesta del pueblo, y el ETERNO le dijo: Voy a presentarme ante ti en medio de una densa nube, para que el pueblo me oiga hablar contigo y así tenga siempre confianza en ti. Moisés refirió al ETERNO lo que el pueblo le había dicho, y el ETERNO le dijo: Ve y consagra al pueblo hoy y mañana. Diles que laven sus ropas y que se preparen para el tercer día, porque en ese mismo día yo descenderé sobre el monte Sinaí, a la vista de todo el pueblo….

Sólo podrán subir al monte cuando se oiga el toque largo de la trompeta. En cuanto Moisés bajó del monte, consagró al pueblo; ellos, por su parte, lavaron sus ropas. Luego Moisés les dijo: «Prepárense para el tercer día, y absténganse de relaciones sexuales.» En la madrugada del tercer día hubo truenos y relámpagos, y una densa nube se posó sobre el monte. Un toque muy fuerte de trompeta puso a temblar a todos los que estaban en el campamento.

Entonces Moisés sacó del campamento al pueblo para que fuera a su encuentro con Eloah, y ellos se detuvieron al pie del monte Sinaí. El monte estaba cubierto de humo, porque el ETERNO había descendido sobre él en medio de fuego. Era tanto el humo que salía del monte, que parecía un horno; todo el monte se sacudía violentamente, y el sonido de la trompeta era cada vez más fuerte.

Entonces habló Moisés, y Eloah le respondió en el trueno. El ETERNO descendió a la cumbre del monte Sinaí, y desde allí llamó a Moisés para que subiera. Cuando Moisés llegó a la cumbre, el ETERNO le dijo…

> A continuación, se escucharan los mandamientos, no debemos permitir distracciones o conversaciones.

Hermanos y Hermanas de la Casa de Israel, en memoria de aquél día cuando fue entregada la Toráh al Pueblo hebreo al salir de Egipto, y escucharon las Diez Declaraciones Divinas, estemos todos en pie, en total silencio y escuchemos cada uno de los diez mandamientos precedidos por el sonido del shofar. Después de cada mandamiento, con la firme intención de recibir todos la Torah en nuestros corazones y renovar así nuestro pacto con HaShem y estemos a la estatura del Mashiaj, al concluir cada mandamiento digamos Amén.

> Todos los presentes se colocan de pie, antes de mencionar cada mandamiento es precedido del toque del shofar (Toque llamado: Tekia), luego se menciona el mandamiento y los presentes responde Amén.

עשרת הדברות
Aseret Hadibrot
Las diez declaraciones

Primer Mandamiento precedido del toque del Shofar:
(shofar "Tekia")

א **Anojí Adonai Eloheija**
Yo soy El Eterno, tu Eloah.

אָנֹכִי יְהוָה אֱלֹהֶיךָ

Segundo Mandamiento precedido del toque del Shofar:
(shofar "Tekia")

ב **Lo ijié Lejá Elohim Ajerim Al Panai**
No tendrás otros dioses delante de mí.

לֹא־יִהְיֶה לְךָ אֱלֹהִים אֲחֵרִים, עַל־פָּנָי

Tercer Mandamiento precedido del toque del Shofar:
(shofar "Tekia")

ג **Lo Tisá Et Shem Adonai Eloheija Lashav**
No tomes el nombre del Eterno tu Eloah en vano

לֹא תִשָּׂא אֶת־שֵׁם יְהוָה אֱלֹהֶיךָ, לַשָּׁוְא

Cuarto Mandamiento precedido del toque del Shofar:
(shofar "Tekia")

זָכוֹר אֶת-יוֹם הַשַּׁבָּת, לְקַדְּשׁוֹ

Zajor Et Yom HaShabat Lekadeshó
Recuerda el Día Shabat para santificarlo

Quinto Mandamiento precedido del toque del Shofar:
(shofar "Tekia")

כַּבֵּד אֶת-אָבִיךָ וְאֶת-אִמֶּךָ

Cabed Et Abeija Ve Et Imeja
Honra a tu padre y a tu madre

Sexto Mandamiento precedido del toque del Shofar:
(shofar "Tekia")

לֹא תִרְצָח

Lo Tirtzaj
No asesinarás

Séptimo Mandamiento precedido del toque del Shofar:
(shofar "Tekia")

לֹא תִנְאָף

Lo Tinaf
No cometas inmoralidad sexual

Octavo Mandamiento precedido del toque del Shofar:
(shofar "Tekia")

לֹא תִגְנֹב

Lo Tignob
No robarás

Noveno Mandamiento precedido del toque del Shofar:
(shofar "Tekia")

לֹא-תַעֲנֶה בְרֵעֲךָ
עֵד שָׁקֶר

Lo Taané Bereajá Ed Sheker
No digas falsedades sobre tu semejante

Decimo Mandamiento precedido del toque del Shofar:
(shofar "Tekia")

לֹא-תַחְמֹד

Lo Tajmod
No codiciarás

Si las condiciones lo permiten, todas las familias pasan por la jupá o el estrado y tocan el Libro de la Toráh como señal de renovación de votos. Una vez tocan y reverencian el Libro Toráh, regresan a sus puestos.

14. Shulján Orej
Comida de agradecimientos

Se trata del banquete festivo en sí, para el cual debemos esmerarnos a los efectos de que sea lo más sabroso y variado como sea posible, con deliciosos platos y postres.

Después de la Cena, se confiesa el poema Yigdal Elohim (Exaltado sea Eloah).

Exaltado sea el Eloah viviente y loado; el existe y no hay límite de tiempo para su existencia. Y digan Amén.

Él es Uno y Único y no hay unicidad como la suya. Inescrutable e infinita es su unicidad. Y digan Amén.

No tiene semejanza de cuerpo ni es corpóreo; ni tiene comparación su santidad. Y digan Amén.

El precedió a todo ser que fue creado; Él es el primero, y nada le antecedió. He aquí que Él es el Amo del universo para toda criatura. El manifiesta su grandeza y su soberanía. Y digan Amén.

Su emanación profética El concedió a su pueblo atesorado y esplendoroso. Y digan Amén.

No se levantó más en Israel otro como Moshé, un profeta que percibió claramente su visión, y quien anunció a Israel que el Eterno enviaría otro profeta, más grande que él para consumar la redención de todo Israel y del mundo. Y digan Amén.

Una Torá de verdad entregó Eloah a su pueblo, por medio de su profeta, Moshé, siervo fiel en toda su casa. Y digan Amén.

Eloah no cambiará ni modificará su ley por ninguna otra, su palabra es fiel por toda la eternidad. Y digan Amén.

El prevé y conoce nuestros más hondos secretos; el percibe el fin de cada cosa desde su inicio. Y digan Amén.

El recompensa bondadosamente a cada hombre conforme a sus actos, e impone el mal al malvado conforme a su maldad. Y digan Amén.

El final de los días enviará de nuevo a nuestro Mesías para redimir a los que esperan su salvación final. Y digan Amén.

Eloah resucitará a los muertos por su abundante bondad. Bendito sea por siempre jamás su nombre ensalzado. Y digan Amén.

La Torá de Moshé es verdad, y también su profecía. Bendito es por siempre y para siempre su Nombre ensalzado. Y digan Amén.

15. Kidush
Bendición sobre la cuarta copa

Se procede a servir la cuarta copa y se dice lo siguiente:

Levantemos todos la Cuarta Copa representativa del Cuarto Libro de la Toráh, el Sefer Bemidbar, y que el mérito de este libro nos traiga a todos jornadas de paz y no de guerra, jornadas de abundancia y no de escasez, jornadas de salud y no de enfermedad, jornadas de amplitud y no de estrechez, jornadas de alegría y no de tristezas. Por la paz, la abundancia, la salud, la amplitud y la alegría y un año de fruto, de mucho fruto y de fruto que permanezca ¡Lejaim!

Se procede a tomar la cuarta copa en la mano derecha y se bebe de ella. Se sirve inmediatamente la quinta copa.

16. Kadish LeMashiaj
Santificación dicha por Mashiaj

Todos los presentes se colocan de pie y en idioma hebreo el principal recita el Kadish. (Matiyahu / Mateo 6:9-13)

אָבִינוּ שֶׁבַּשָּׁמַיִם	Avinu shebashamaim
יִתְקַדַּשׁ שִׁמְךָ:	itkadash shimja
תָּבֹא מִמְּךָ מַלְכוּתְךָ	tavo mimja maljutja,
יֵעָשֶׂה רְצוֹנְךָ	ieáseh retzonja
כַּאֲשֶׁר בַּשָּׁמַיִם גַּם בָּאָרֶץ:	kaasher bashamaim gam baaretz,
אֶת־לֶחֶם חֻקֵּנוּ תֶּן־לָנוּ הַיּוֹם:	et lejem jukenu ten lanu haiom,
וּסְלַח לָנוּ עַל־חֲטָאֵינוּ	uslaj lanu al jataenu
כַּאֲשֶׁר מָחַלְנוּ גַּם אֲנַחְנוּ לְחַיָּבֵינוּ:	kaasher majalnu gam anajnu lejaiabenu
וְאַל תִּתֵּן לָנוּ לִפֹּל לִידֵי נִסָּיוֹן	veal titen lanu lipol lidei nisaiom
כִּי אִם תְּחַלְּצֵנוּ מִן הָרָע	ki im tzjaltzenu min hará
כִּי לְךָ הַמַּמְלָכָה וְהַגְּבוּרָה	ki lejá hamamlaja vehageburah
וְהַתִּפְאֶרֶת לְעוֹלָם וָעֶד: אָמֵן	vehatiferet leolam vaed. Amén.

Al concluir el Kadish del Mashiaj, todos continúan de pie y se levanta la quinta copa con la mano derecha.

17. Kidush

Bendición sobre la quinta copa

Antes de tomar de la quinta copa se dice lo siguiente

Por el quinto Libro de Moshé, el Sefer Devarim, con el Cántico de la Libertad, con el Cántico de la Bendición, con el Cántico del Shemá, con el Cántico de toda la Toráh, por la eliminación de un mal juicio sobre los árboles, por la eliminación de todo mal decreto, por una cosecha buena y abundante en Israel y en el mundo. ¡Lejaim!

Se procede a beber de la quinta y última copa de vino que representa el quinto libro de la Tora (Devarim/Deuteronomio)

18. Birkat Hamazon
Bendición después de comer

Cuando un hombre o una mujer ingieren una cantidad de pan del tamaño de al menos un kesayit (29gramos o el tamaño de una oliva), se debe rezar la Birkat Hamazón -Bendición por el Sustento- una vez se concluye la comida. Esta bendición es un mandato bíblico documentada en el libro de Devarim/Deuteronomio 8:10

Esta bendición se dice sentado, no se debe distraer cuando la hace y hacerlo con respeto y agradecimiento al Creador. Se acostumbra entre semana retirar los utensilios de metal sobre la mesa cuando se dice la berajá. Después de haber comido se acostumbra lavarse los dedos hasta los nudillos. Esta bendición se llama Máyim jaronim -Aguas Postreras.

Bendito eres Tú, Eterno, Eloah nuestro, Soberano del Universo, el Eloah por cuya bondad nos alimenta, tanto a nosotros como a todo el mundo, con gracia, benevolencia, holgura y misericordia. Él proporciona el pan a todas las criaturas porque Su benevolencia es eterna. Y por Su inmensa bondad nunca nos faltó ni nos faltará jamás el sustento. Pues Hashem alimenta y sustenta a todos, Su mesa está preparada para todos y Hashem prepara alimento y sustento para todas las criaturas que creó con Su misericordia y Su inmensa bondad, tal como está escrito en el salmo 145: "Tu abres Tu mano y satisfaces el deseo de todo ser vivo". **Bendito eres Tú, Eterno, que sustenta a todos y alimentas a toda tu creación.**

Te agradecemos y bendecimos Tu nombre, como está escrito en la Torá, en el Libro de Deuteronomio/Devarim 8:10: "Comerás y te saciarás y bendecirás al Eterno, tu Eloah, por la buena tierra que te ha dado". **Bendito eres Tú, Eterno, por la buena tierra y por el sustento.**

Algunos acostumbran a decir el siguiente párrafo

Avinu ShebaShamayim: Danos paz, danos alimento, sustento y prosperidad; líbranos de todas nuestras tribulaciones. Y por favor, no nos hagas depender, Oh Eterno, Eloah nuestro, de donaciones ni préstamos de seres mortales, sino solo de Tu mano llena y amplia, rica y abierta. Sea Tu voluntad que no seamos avergonzados en esta vida ni abochornados en el mundo venidero.

Restaura hoy el reinado de tu justo Mashiaj, y reconstruye el Beit Hamikdash (Sagrada Casa) el lugar donde te elevaremos las ofrendas de alabanzas y agradecimientos bajo la dirección del Mashiaj Yeshúa. Bendito eres Tú, Eterno, que reconstruyes tu Sagrada Casa, y traes de vuelta a Yeshúa como Mashiaj ben David, que sea muy pronto y en nuestros días. (En voz baja:) Amén.

El siguiente párrafo es dicho por un invitado

Que el D-os misericordioso bendiga esta mesa sobre la que hemos comido; que la provea de todos los manjares del mundo y sea como la mesa de nuestro Padre Abraham, dispuesta para todo el que tiene hambre y sed. Que no falte en este mesa ningún tipo de bien. Que el D-os misericordioso bendiga al dueño de esta casa; a él, a sus hijos, a su esposa y a todo lo que es suyo. Que D-os conserve a todos sus hijos y que sus bienes se multipliquen. Que el Eterno bendiga su hogar, y que el producto de sus manos sea bien recibido. Que sus negocios y los nuestros prosperen y estén cercanos. Que no se le presente ni a él ni a nosotros ninguna situación que induzca al pecado, ni a pensamientos de iniquidad. Que siempre este alegre y gozoso, durante todos los días; con riquezas y honores, desde ahora y para siempre. Y que él y nosotros siempre seamos vistos desde el cielo a través de los méritos del Mashiaj Yeshua. Amén.

Bendigamos
Canción Sefaradí

Bendigamos al Altísimo, al Señor que nos creó,
Démosle agradecimientos por los bienes que nos dio.
Alabado sea su Santo Nombre, porque siempre nos apiadó.
Load al Señor que es bueno, Que para siempre es Su merced.

Bendigamos al Altísimo, por su Ley primeramente,
Que liga a nuestro Pueblo con el cielo continuamente,
Alabado sea su Santo Nombre, porque siempre nos apiadó.
Load al Señor que es bueno, Que para siempre es Su merced.

Bendigamos al Altísimo, por el Pan segundamente,
Y por todos los manjares que comimos juntamente.
Pues comimos y bebimos alegremente su merced nunca nos faltó.
Load al Señor que es bueno, Que para siempre su merced.

Bendita sea la casa nuestra, el Hogar de Su presencia,
Donde guardamos sus fiestas, con alegría y permanencia.
Alabado sea su Santo Nombre, porque siempre nos apiadó.
Load al Señor que es bueno, Que para siempre Su merced.

Hodu LaAdonai ki tov, Ki le olam jasdó
Hodu LaAdonai ki tov, Ki le olam jasdó

שבועות
Seder para Shavuot

Nos decimos unos a otros con profunda Fe

LeShaná Habaá BiYerushalaim

Esta bendición y palabras proféticas, traducido significa:

¡El año próximo en Yerushalaim!

Así concluye el Seder de la Noche de Shavuot y se procede a limpiar y recoger la casa y dejarla lista para el día siguiente

SHAVUOT SEDER

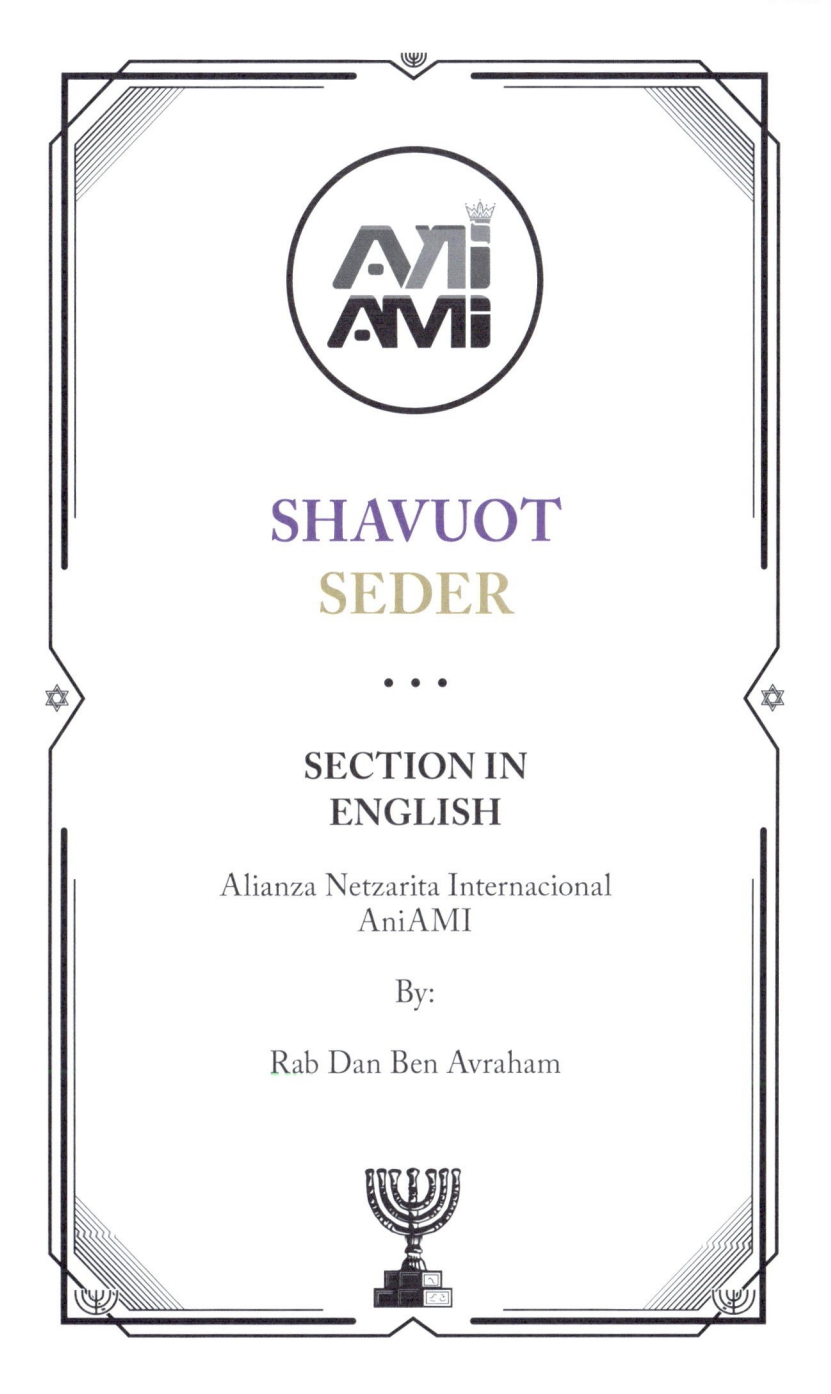

· · ·

SECTION IN ENGLISH

Alianza Netzarita Internacional
AniAMI

By:

Rab Dan Ben Avraham

Shavuot

The Feast of Weeks

Shavuot is the festival that commemorates the giving of the Torah to the people of Israel through Moses on Mount Sinai. It is the second of the three pilgrimage festivals mentioned in the Torah (Pesach, Shavuot, and Sukkot), during which every Jew must go up to Israel to celebrate the festival and offer the sacrifices mentioned in the Torah.

Shavuot is celebrated seven weeks after Pesach, hence its name, Shavuot, as one must count seven weeks to receive the Torah.

> "You shall count seven weeks; begin to count the seven weeks from the time the sickle is first put to the standing grain. Then you shall keep the Feast of Shavuot (Weeks) to the Lord your God with the tribute of a freewill offering from your hand, which you shall give as the Lord your God blesses you. And you shall rejoice before the Lord your God."

The Hebrew word "Shavuot" (שָׁבוּעוֹת) is the plural form of "shavúa" (שָׁבוּעַ), which means "week."

Shavuot is a Yom Tov (festive day) according to the Scriptures, so no work is done. In Israel, it is celebrated for one day, and outside of Israel, for two days, with each day starting at sunset and ending at nightfall the following day.

During the festival, it is customary to eat dairy products accompanied by the seven species characteristic of Israel: wheat, barley, olives, dates, grapes, figs, and pomegranates. As it is written in the Scriptures:

> "A land of wheat and barley, of vines and fig trees and pomegranates, a land of olive trees and honey" (Deuteronomy 8:7-8).

The Names of the Festival

This festival has several names in the Scriptures, each carrying a prophetic significance:

Chag HaShavuot (Festival of Weeks): Named so because it is celebrated at the end of the seven weeks of Sefirat Ha'omer (Counting of the Omer) which began on the second night of Pesach.

Chag HaShavuot: There are two oaths associated with this date (Shvuá שבועה means oath in Hebrew). One oath was from the people of Israel to follow the Torah's commandments, and the other was from God, who, upon giving the Torah to the people of Israel, swore that they would be His chosen people and that He would never change them.

Zeman Matan Toraténu (Time of the Giving of Our Torah): According to biblical tradition, this is the date on which the Jewish people received the Torah at Mount Sinai. Some ask: why call it the giving of the Torah and not the receiving of the Torah? Many rabbis responded that on this occasion, the Creator gave the people of Israel the Torah with laws they had never had before; however, receiving it is something the people of Israel do every day with the weekly Parashah and the study of the Torah week by week.

Chag Hakatzir (Festival of the Harvest): In the land of Israel, this is the time of the harvest, especially the wheat harvest.

Chag Habikurim (Festival of the First Fruits): The Festival of Shavuot marked the beginning of the time to offer the first fruits (Bikurim).

Atzeret (Conclusion): In rabbinic sources, Shavuot is mentioned as a conclusion, as the sages consider it connected to the festival of Pesach, being its historical conclusion.

Basic Laws

> According to Sephardic tradition inspired by the Shulchan Aruch and adapted for Benei Avraham:

1. From Rosh Chodesh (beginning of the month) Sivan until six days after Shavuot, Tachanun (prayers of forgiveness) is not recited due to the joy of receiving the Torah.

2. We purify and sanctify ourselves on the eve of Shavuot to complete the seven-week preparation period of the Omer preceding the reception of the Torah.

3. Shavuot is sanctified in the Diaspora for two days, the 6th and 7th of Sivan. These are two Yom Tov (festive days), as explained in the Alliance regarding a Yom Tov.

4. It is customary to decorate congregations and the surroundings where the Torah scrolls are kept with flowers, as well as homes.

5. If the decorations were not made on the eve of Shavuot, they can be made on Shavuot itself, provided flowers are prepared in advance for this purpose.

6. If the eve of Shavuot falls on Shabbat, decorations cannot be made that day, even if the flowers were prepared in advance on Friday, as no arrangements should be made on Shabbat for Yom Tov.

7. On the night of Shavuot, Kiddush is said no earlier than nightfall, as Shavuot begins after seven full weeks from Pesach, and the 49th day is completed only at nightfall.

8. It is customary among Chasidim to stay up all night on the first night of Shavuot to study topics related to Shavuot, which include portions of Tanach (Bible) and the Royal Code (e.g., Acts 2) in honor of the Torah that we receive again on this date. This study is highly significant. It should only be done if people are then able to stay awake for the Shacharit (morning) service at 6 am.

9. It is customary to recite during Shavuot the Book of Ruth, as Ruth was the ancestor of King David, who was born and died precisely on Shavuot.

10. It is customary to eat honey and dairy foods; on Shavuot, meat should also be eaten. We do not mix meat with dairy, so it is recommended to eat dairy products at the Shavuot Seder and meat the following afternoon. This way, we fulfill the commandment to eat both meat and dairy, while ensuring they are not mixed.

Special Prayers

1. It is a good custom to recite Psalm 68 and Psalm 122 on the night of Shavuot, followed by the Kadish of the Mashiach.

2. The Shehecheyanu blessing should be recited, which is said for reaching an important event:

"Baruch Atah Adonai, Eloheinu Melech ha'olam, Shehecheyanu, Vekiyemanu, Vehigianu, lazman hazeh".

Blessed are You, Eternal, our God, Sovereign King of the Universe, who has granted us life, sustained us, and enabled us to reach this season.

3. On the morning of Shavuot, the following Psalms of praise and exaltation are recited: 113, 114, 115, 116, 117, 118. These Psalms proclaim the Creator for His wondrous deeds. (They are special to be said on Shavuot)

4. The corresponding Torah readings for Shavuot are found in:

- Shemot (Exodus) 19:1-20:23, a portion that relates the convocation of the people before Mount Sinai to receive the Torah and the transmission of the Ten Commandments.
- Bamidbar (Numbers) 28:26-31
- Haftorah: Vayhi Bishloshim Shana (Ezekiel 1:1-28-3:12)
- Royal Codice (New Testament): Apostolic Memories 2:1-47

5. At the conclusion of Shavuot, Havdalah (separation of the holy day) is recited over wine with only two blessings: Haguefen (over the wine) and Hamavdil (distinction between the sacred and the secular).

6. It is important to have the correct Kavana (concentration and intention) during the prayers and all the services of Shavuot, as this festival has a lot of spiritual power to receive the Torah in our hearts and to attract the giving of the Torah for the family nucleus.

Introduction

As we know, Shavuot marks two sacred moments in the history of our nation:

> he giving of the Torah and the creation of Israel as a covenant nation, it mean making a sacred call for a special relationship with the Eternal.

Both issues are contemplated in this Seder, which should be followed with the idea of considering each of us present at Mount Sinai on that magnificent day in our history, in the year 2448 from the Creation of Adam, when the Blessed Creator signed an eternal Marriage contract with the bride, our People Israel.

On this day, Ma'amad Har Sinai (the giving of the Torah at Mount Sinai) is commemorated, the giving of the 2 tablets of stone to Moses. This is a special day, where each person with a heart before the Creator asks Him to fulfill their desires and to allow our steps to be aligned with the ways of God.

It is a celebration of joy, dances, gratitude, and faith in the Eternal, with whom we renew our marriage and present our hearts ready to serve Him alone.

This festival is also called the festival of first fruits, as on that day an offering of two loaves made from the first fruits of the new wheat harvest was brought to the Temple. The Torah calls it the "new offering," symbolizing the spiritual renewal that takes place in us when we receive the Torah again.

Shavuot is the anniversary of the encounter of HaShem with the Hebrew people over 3300 years ago on a small mountain called Sinai. It was the first time the Creator of the Universe manifested His Divine Presence before the entire Hebrew nation. Fifty days after leaving Egypt, the Hebrew people received the Torah at Mount Sinai.

Thus, the Hebrew people went from being a nation of slaves to becoming the people entrusted with the mission of attracting the Divine light and being a nation of priests in the service of the G-d of Israel.

On Shavuot, we celebrate this event and renew our strength to fulfill this mission.

שבועות
Shavuot Seder

Preparation List for the Seder

To achieve the objective of this Seder, the following elements must be present:

- Two large leavened loaves, representing both Houses of Israel.
- Salt, representing the irreversibility of God's Covenant.
- Honey, representing the sweetness of the Torah.
- Dairy products, representing the purity of the Torah.

> One of the reasons we eat dairy foods on Shavuot is related to the 40 days and 40 nights that Moses spent on Mount Sinai. The word for milk in Hebrew is "chalav," which numerically equals 40.
>
> Additionally, an alternate name for Mount Sinai is "Har Gavnunim," the mountain of majestic peaks. The Hebrew word for cheese is "gevina," etymologically related to Har Gavnunim. The gematria of "gevina" (cheese) is 70, corresponding to the "70 faces of the Torah".

- Five children selected to ask the Five Questions of Shavuot.
- The Haggadah or Story of Shavuot.
- Five cups of wine, representing the Five Books of the Torah.
- Five children selected to ask the Five Questions of Shavuot.
- The Haggadah or Story of Shavuot.
- Sound of the Shofar before each of the Ten Commandments.
- A plate with the seven fruits for which the land of Israel is praised. These are: wheat, barley, olives, dates, grapes, figs, and pomegranates.
- A glass of water for each guest.

Order of the Shavuot Seder

To conduct the Seder in an orderly manner, 18 Simanim (symbols, key words) have been instituted to help us remember the order more easily.

All these symbols allude to great and profound mysteries related to the Messiah and the final redemption. They also relate to the word "Life" in Hebrew: "Chai," whose numerical value is 18, and speaks of the life represented in the Torah and the promise of eternal life we receive through the merits of Yeshua as the promised Messiah to Israel and the nations. These 18 Simanim are as follows:

> Mark each element as you place it and check that everything is in its correct place and prepared for the Seder.

Lights	**1**	*Lighting of the candles*
Kiddush	**2**	*(Sanctification) Blessing over the first cup of wine*
Shehecheyanu	**3**	*lessing for the season*
Blessings	**4**	*Blessing over the children*
Washing	**5**	*Washing of the hands*
Lechem	**6**	*Blessing over two portions of bread*
Milk and Honey	**7**	*Spreading honey on the bread and consumption of dairy*
Kiddush	**8**	*Blessing over the second cup of wine*
Waters	**9**	*Purification of the waters*
Questions	**10**	*Questions about Shavuot*
Haggadah	**11**	*Story of the giving of the Torah*
Kiddush	**12**	*Blessing over the third cup of wine*
Aseret Hadibrot	**13**	*Proclamation of the Ten Commandments*

שבועות
Shavuot Seder

Shulchan Orech	**14**	*Meal of Thanksgiving*
Kiddush	**15**	*Blessing over the fourth cup of wine*
Kaddish LeMashiach	**16**	*Kaddish instituted by Yeshua HaMashiach*
Kiddush	**17**	*Blessing over the fifth cup of wine*
Birkat Hamazon	**18**	*Blessing over the food after eating*

1. Lights
Lighting of the candles

The mother, with her head covered as a sign of modesty, lights the candles and then recites the following blessing.

Blessed are You, Eternal, Sovereign of the universe and King of the world, who has sanctified Your people Israel with Your commandments and, through the merits of the Messiah Yeshua, has brought us near and made us partakers of the commandment to light the candle of (on Shabbat say: Shabbat and) the festive day.

Prayer After Lighting Candles

May it be Your will, Adonai, our God and King of the Universe, to have compassion and mercy on me and to act with great kindness toward me by granting me children who fulfill Your will and are God-fearing, observing Your laws and ordinances with pure intentions. May they radiate the Light of Faith, being followers of the footsteps of Yeshua, the Messiah promised to Israel. May these lights that we kindle bring light to the world, as it is written: "For the commandment is a lamp, and the Torah is light," and also have compassion and mercy on my husband (mention the husband's name), granting him a long life and years of peace, with blessing and prosperity. Help him to fulfill Your will with integrity and Emunah.

May it be Your will. "May the favor of the Lord our God rest on us; establish the work of our hands for us—yes, establish the work of our hands" (Psalm 90:17). "May the words of my mouth and the meditation of my heart be pleasing in your sight, Lord, my Rock and my Redeemer" (Psalm 19:14).

2. Sanctification

Blessing Over the First Cup of Wine

> Next, the first cup of wine is served in honor of the first Book of the Torah: Bereshit.
> We proceed with the recitation of the Kiddush for the festivals. If the festival falls on Friday night (Shabbat day), we begin with the text "Yom hashishi / on the sixth day," an excerpt from the book of Bereshit/Genesis 1:31 – 2:1-3, which is the following text:

"On the sixth day, the heavens and the earth and all their hosts were completed. And God finished His work that He had done on the seventh day, and He rested on the seventh day from all His work that He had done. And God blessed the seventh day and sanctified it because on it He rested from all His work that God had created to make".

שבועות
Shavuot Seder

> If the festival falls on a weekday, it begins with the following text:
> "These are the designated festivals"

These are the designated festivals of the Lord, the holy convocations, which you shall proclaim at their appointed times. And Moses declared the festivals of the Lord to the children of Israel. (Leviticus 23:4)

Three times a year, all your males shall appear before the Lord your God in the place He chooses: at the Festival of Unleavened Bread, the Festival of Weeks, and the Festival of Booths. They shall not appear before the Lord empty-handed: every man shall give as he is able, according to the blessing of the Lord your God that He has given you. (Deuteronomy 16:16-17)

> On Shabbat, the following is added:
> "Therefore the Lord blessed the seventh day and sanctified it."
>
> IMPORTANT: Proceed to say the blessing over the cup of wine (keeping in mind the other 4 cups).

> "Blessed are You, Lord, our God, King of the Universe, who creates the fruit of the vine. Amen."

> Do not drink from the first cup until after the LeHayyim of step number 3.

"Blessed are You, Lord, our God, King of the Universe, who has chosen Your people Israel from all the nations and exalted them above all languages, and sanctified them with Your commandments; and for the merits brought by the Messiah Yeshua, You have brought us near and made us participants, our God, with love and favor (on Shabbat: to the days of Sabbaths for rest and) to the festivals for joy; feasts and celebrations of rejoicing; (on Shabbat:

on this Shabbat day and) on this day of the Festival of Weeks; and on this proclaimed sacred festive day, in commemoration of the giving of the Torah, (on Shabbat: with love) a sacred convocation, in remembrance of the exodus from Egypt. For You have made us part of the chosen people and sanctified us by cleansing and drawing us near; (on Shabbat: and the Sabbaths and) Your holy festivals (on Shabbat: with love and favor) with joy and rejoicing You have made us a part of the rich sap of the natural olive tree. Blessed are You, Lord, who sanctifies (on Shabbat: the Shabbat), Israel and the seasons."

3. Shehecheyanu
Seasonal blessing

The following blessing is said on both days of Shavuot:

"Baruch Atah Adonai, Eloheinu Melech ha'olam, Shehecheyanu, Veki-yemanu, Vehigi'anu, lazman hazeh"

Blessed are You, Lord, our God, King of the Universe, who has granted us life, sustained us, and enabled us to reach this season

First communal Lechaim in honor of the festival and in honor of the Book of Genesis. Upon concluding the preceding blessing, the leader will say:

"For life, for health, for this Day of the Torah, for this Day of the National Conversion of our people, for this day of the birth of the Kehillah, for this day of joy and receiving of gifts, of miracles Above in the Heavens and Below on the earth, for the first Sefer Bereshit, the First book of the Torah, with HaShem, with the hidden Light of Messiah, with Abraham, Isaac, and Jacob" LeChaim!

4. Blessings
Blessing Over the Children

After saying: LeChaim, everyone drinks from the first cup.

Next, the father (or in his absence, the mother or representative) blesses his children present and sends his blessing to his absent children who are alive.

This blessing is established by God for the children of Israel in the book of Numbers 6:24-26.

For a son:

> "Iesimejá Elohim keEfraim, vejiMenashé. iebarejejá Adonay veyismereja: iaer Adonay panaj eleja vijuneka, isá Adonay panav eleja, veiasem lejá: Shalom".

> May God make you like Ephraim and Manasseh. May the Lord bless you and protect you; may the Lord shine His face upon you and be gracious to you; may the Lord lift His face towards you and grant you peace."

For a daughter:

> "Iesimejá Elohim keSará, Ribká, Rajel veLeá. iebarejejá Adonay veyismereja: iaer Adonay panaj eleja vijuneka, isá Adonay panav eleja, veiasem lejá: Shalom".

> "May God make you like Sarah, Rebecca, Rachel, and Leah. May the Lord bless you and protect you; may the Lord shine His face upon you and be gracious to you; may the Lord lift His face towards you and grant you peace."

5. Netilat Yadaim
Washing of the Hands

After washing hands, do not speak until the blessing over the bread and having eaten a portion.

Note: Pour water from the left hand onto the right hand three times consecutively. Then reverse the order. Do not pour water alternately. Remove all rings from the fingers. The water should flow from the wrist down, covering the fingers. After washing, lift your hands and say the blessing:

"Blessed are You, Lord, God of Israel and also ours, King of the Universe, who commands us to have clean hands without anger or disputes."

6. Lechem
Blessing Over the Bread

Take the two portions of bread and bless over them. The blessing for the bread on Shabbat and on festivals is said over two large and beautiful complete loaves.

"Baruch Atah Adonai, Eloheinu Melech Ha'olam, Hamotzi Lechem Min Ha'aretz."

Blessed are You, Lord, our God, King of the Universe, who brings forth bread from the earth. Amen.

> The person who breaks the bread should sprinkle it three times with salt, saying: "HaShem Melech, HaShem Malach, HaShem yimloch le'olam va'ed"; eat a portion and then distribute it to all present at the table.

7. Milk and Honey
Eating Honey and Dairy

> Next, another piece of bread is taken, dipped in honey, given to everyone, and it is said: "(This custom is a reference to the land of Israel as it is written in Exodus 33:3).

For the Torah that is sweeter than honey. For the gentle sweetness of the commandments. For the gracious word of life that sustains the soul, for Shavuot, the festival of the giving of the Torah, for the merits of the Messiah who represents the bread of life and His interpretation of the Torah, which is sweeter than honey. Let us all eat together from this bread with the sweetness of honey.

> Everyone eats a portion and ensures to give to the youngest children. Next, some dairy product is taken, and the following is said:

One cannot enjoy the pleasures of this world without reciting a prior blessing. Reciting a blessing before eating is equivalent to "asking permission" from God, recognizing that "the world and everything in it belongs to God" (Psalm 24:1) and that the Eternal is the true source of all the goodness in life. Next, we will eat some dairy, but before that, we will say the corresponding blessing:

> Proceed to say the following blessing:

"Baruch Atah Adonai Eloheinu Melech ha'olam Shehakol nihya bidvaro."

"Blessed are You, Eternal, our God, King of the Universe, by whose word everything came to be." Amen

After saying the blessing, proceed to eat dairy products.

8. Kiddush
Blessing Over the Second Cup of Wine

Next, serve the second cup of wine in honor of the second book of the Torah: Shemot/Exodus

"It is a mitzvah to rejoice on the day of our Festivals. We rejoice for the Torah, for the Covenant, for the promises, for the gifts that Heaven will give us from this day of Shavuot. We rejoice for the second book of the Torah, the Sefer Shemot, for Moses, Aaron, Miriam, and for the mystery of the blood of the lamb smeared on the doors of the houses of the Hebrew people in Egypt: LeChaim!"

Proceed to drink from the second cup.

9. Waters
Purification of the Waters

Having prepared a glass of water on the table, say the following:

"It is written: I will sprinkle clean water on you, and you will be clean from all your impurities and from all your idols, and I will give you a new heart, a heart of flesh, and I will write all the words of my Torah there and pour out my Spirit of Holiness on you and make you follow my precepts and keep my commandments." And it was also said: "You are already clean because of the Oral Torah I have given you."

Proceed to sing the song of the Waters of Purification:

/ Ushavte maim b'sason mimainei haieshua //x2
// Maim //x4 hey, maim b'sason
// Maim //x4 hey, maim b'sason
// Hey //x4
// Maim //x6 hey, maim b'sason

Take the glass of water in your hand and, in memory of the promise, say the following:

In memory of all this, let us drink this glass of water, the waters of purification, as it was said by the prophets: "With joy you will draw water from the wells of salvation; For I will pour water on the thirsty land, and streams on the dry ground."

And our Righteous Messiah also said: "If anyone is thirsty, let him come to me and drink." And it was also said by Yeshua:

"Whoever believes in me as the Messiah of Israel, streams of living water will flow from within him."

Proceed to drink from the glass of water, leaving a rebi'it (about 86 ml) of water to be poured over the head.

After pouring the water over the head, say:

"You are already clean because of the Oral Torah I have given you."

10. Questions
Five Questions About Shavuot

Next, five children approach the leader and ask five questions, each related to the five books of the Torah and the Festival. If there are not five children, at least one can do it. If there are no children, one or several adults can ask the questions to the leader to initiate the Festival narrative. In a community dinner, it is an opportunity to call all the children and gather around the Rav or the Moréh who is leading.

"I have been told that the children of the community have FIVE QUESTIONS for tonight. It is very good to ask questions. Always ask questions because that is how you acquire deep knowledge of things. Never be afraid to ask. Who has the first question?"

First Question

Why is tonight so special that we eat bread dipped in honey?

That is a great question. And here is the answer: "Honey is very sweet, extremely sweet, and that is why it is compared to the Torah. Because of the sweetness of honey which relates to the sweetness of the Torah, we make this night a special night, eating bread and honey, so that we always remember that the Torah is SWEET LIKE HONEY."

God said to the prophet Ezekiel: "Son of man, eat what is before you: eat this scroll, then go and speak to the people of Israel. So I opened my mouth, and he gave me the scroll to eat. Then he said to me: Son of man, eat this scroll I am giving you and fill your stomach with it. So I ate it, and it tasted as sweet as honey in my mouth." (Ezekiel 3:1-3).

From this, we learn that just as honey is sweet in the mouth, and just as date honey represents the abundance and nobility of the produce in the land of Israel, so the study of the Torah provides us with life and riches in this present age and also in the world to come. Do you now understand why tonight is so special that we eat bread dipped in honey?

Second Question

Why is tonight so special that we eat dairy after the honey?

That is also an excellent question. And its answer you must never forget: "The Torah is compared to milk, as the verse says, 'Like honey and milk [the Torah] lies under your tongue'" (Song of Songs 4:11). Just as milk has the ability to nourish a human being (that is, a baby who is nursed), so too the Torah provides the necessary "spiritual nourishment" for the human soul.

Additionally, the numerical value of the Hebrew word for milk, "chalav," is 40. We eat dairy products on Shavuot to commemorate the 40 days that Moses spent on Mount Sinai receiving instruction about the entire Torah, which he then transmitted to the entire House of Israel.

Therefore, you should know that the Torah is the greatest inheritance that the Eternal has given. And just as milk is the first nutrient that sustains us when we come into this world, so too the Torah should be the first spiritual nutrient that sustains us in this life and then leads us to the world to come. Do you now understand why tonight is so special that we eat dairy at the Shavuot Dinner?

Third Question

Why is tonight so special that the men of the community stay up all night studying Torah and Commandments?

I will answer this wonderful question: "More than 3,000 years ago, on the morning of the day on which the Hebrew people received the Torah, when God sent His angel to reveal the Torah, it happened that all the men of the community of Israel were sleeping. To correct that fault, the men stay awake all night on Shavuot, while the women, who did not fall asleep, can go to their homes to sleep.

By staying up all night studying Torah, the men want to indicate their firm intention that we cannot receive the Torah while asleep, but rather while awake, because the Torah is not only an inheritance hidden in the soul, but also a lifestyle expressed through the body, and for this, we must be awake, not asleep. We can never separate the material world from the spiritual world, as the Torah does not separate them.

In other words, the Torah must mark and sanctify all aspects of our life. And so that we never forget this lesson again, the men stay up the entire night of Shavuot, studying Torah to help rectify past errors of the People of Israel, of which, by the merits of our Righteous Messiah, we are now also part and co-heirs of the inheritance. Do you now understand why tonight is so special that the men stay up the entire night of Shavuot studying Torah?

Fourth Question

Why is this night so special that we decorate the congregation and the Houses of Study with natural flowers and green branches?

Very good question! As you can see, we have our house decorated with natural flowers and green branches. Your question couldn't have been more timely. Here is the answer: "More than 3,000 years ago, when the Eternal gave the Ten Commandments that represent the entire Torah, every time Eloah spoke with the children of Israel on Mount Sinai, the whole world was filled with the scent of a beautiful perfume. The desert, without flowers, was filled with flowers. The wasteland, without vegetation, was filled with beautiful trees with green and healthy branches. The desert became like the Garden of Eden.

And all this has a great message for us. Therefore, I will take this opportunity to tell you a story: "Once upon a time, a king had a garden where he had planted all kinds of beautiful species. After some time, the king went out to walk and observe his garden. To his astonishment, he found that his beautiful gardens had been filled with thistles and thorns, and at that precise moment, the king decided to call his gardeners to completely remove the garden. But suddenly, upon seeing a rose among all the thorns, he repented. The king said, 'For this rose that I have found, the entire garden will be saved.' Likewise, by the merit of the Torah, the entire world will be saved. And that is why we decorate this House with natural flowers and green branches."

Do you understand now why this night we decorate the congregation and the houses with natural flowers and green branches? Very well, who has the fifth and final question?

Fifth Question

Why is this night so special that we read the Ten Commandments standing up and listening to the sound of the shofar?

Magnificent question! Without it, this night would not be complete. This question is also important to answer: "The day when the Eternal delivered the Torah at Sinai, great miracles occurred. Mount Sinai was filled with light. Many angels descended carrying in their hands lit torches, as if they were tongues of fire, announcing to the people the greatness of the gift they were about to receive. Suddenly, hundreds of angels each took their shofar, and the sound of the trumpet kept increasing and increasing until the entire universe became an extraordinary symphony.

Then, there was a deep silence. And all the People heard the voice from Heaven delivering the commandments. Each commandment was preceded by a blast of the shofar. And then there was absolute silence. And then the voice of the Eternal was heard again revealing another commandment. And so it happened until all ten were completed. In memory of this, the sons and daughters of Israel hear the Ten Commandments standing, preceded by the sound of the shofar. Do you understand now why this night is so special that we read the Ten Commandments standing up and listening to the sound of the shofar? Thank you, children. And now, for being here with me and asking all these five questions, we have a surprise for you, we have milk and honey candies!"

As a reward for the children's effort and to motivate them in the study of the Torah, they are given milk and honey candies.

11. Hagadá
Story of the Giving of the Torah

In this section, the Third Cup will be drunk, and a brief explanation of Shavuot will form part of the Shavuot Haggadah.

It is written in the Torah: "The first of the firstfruits of your land you shall bring into the house of the Lord your God" (Exodus 23:19).

As we have already pointed out, Shavuot is also the festival of the firstfruits, highlighting, as in other pilgrimage festivals, the intimate relationship of the people of Israel with the Land of Israel.

In ancient times, when the Temple was standing, farmers used to go up to Jerusalem to offer the first fruits in the Temple.

Today the custom is maintained by remembering, looking at, and touching the seven species for which the land of Israel is known: "A land of wheat and barley, of vines, fig trees and pomegranates, a land of olive oil and honey."

12. Kidush
Blessing over the third cup of wine

Proceed to serve the third cup of wine and say the following:

"For the fruits for which the land of Israel is known. May we have a year of abundant fruit, wealth, well-being, peace, health, and prosperity for our brothers in Israel and for us in the diaspora, for all the righteous among the nations who have taken refuge under the wings of our Elohim, for the near and the far, for the confirmation of the covenant and the promises, for the peace, health, and well-being of all of you and the entire House of Israel, for the third book of the Torah, the Sefer Vayikra or Sefer Hakohanim, for the Melej HaMashiach, Priest/Kohen according to the order of Melchizedek." L'Chaim!

Proceed to drink the third cup.

13. Aseret Hadibrot
Proclamation of the Ten Commandments

> In this section, we will begin with the proclamation of the Ten Commandments, which is the climax of the festival. The person must pay close attention to each word that will be said next, as opening one's heart to the spiritual power of this day can transform souls and hasten the coming of the Messiah for the second time.
>
> This Seder has been prepared to be led by the head of the family but also allows for others to participate. Hence the nomenclature of Reader 1, 2, 3, etc. If more people are present, the leader has the authority to make the necessary arrangements so that everyone can participate.

Reader No. 1

"In the month of Sivan, in Israel, the harvest takes place. At this time of year, we can see the farmers' machines harvesting the green expanses of kibbutzim and moshavim. After the grain harvest, it is the turn of the fruits of the trees: pears, apples, grapes, peaches, plums, etc. The synagogues of the country, like those in the diaspora, are decorated with natural products, and the festival takes on special significance among the agricultural population. In the kibbutzim and moshavim, it is customary to parade presenting the fruits of the agricultural production, a custom that has extended to presenting the first fruits of all areas of community life, including industry and the babies born during that year."

Reader No. 2

"Shavuot is the festival of receiving the Torah. It is not just the commemoration of the Divine Revelation on Mount Sinai, through the promulgation of the Ten Commandments and the oral and written law through Moses, our teacher. Shavuot is the moment when the Torah was given, 'Z'man Matan Toratenu.' It is the day of the Torah, the day of the Assembly, the day that marks the matrimonial union between the Eternal on one side, as husband, and Israel on the other, as wife, and the Torah as the nuptial document, the Ketuvah that unites us forever."

Reader No. 3

"Every year, this date has a spiritual influence on us that is conducive to our spiritual integration into the Torah and to adapting our lives to Its Truth. Year after year, we receive the Torah again on Shavuot. However, this is conditioned by our disposition to receive this spiritual treasure, which HaShem has given us for our eternal benefit. Shavuot is also the festival of the first fruits -Yom Habikurim- For on this day, the people brought to the Temple an offering of two loaves, made with the new wheat from the first harvest of the year. Therefore, the name 'new offering' symbolizes the spiritual renewal we undergo each time we receive the Torah once again."

Reader No. 4

"The Festival of Shavuot should impress us and make us appreciate the wonderful gift we received from the Eternal that day on Mount Sinai: the Torah, which should guide our lives. We must not forget that the existence of our People depends entirely on the observance of the Mitzvot. Without the Torah, the fate of the Jewish Nation would have been like that of all the early nations that became world empires but eventually disappeared without a trace. The Torah is the heart of our People, and without it, there is no Judaism. If we want the Jewish Nation to continue to exist, we must constantly turn to the source of our well-being. In this way, future generations will continue this golden chain that originated on Mount Sinai."

Reader No. 5

"The Israelites arrived at the desert of Sinai three months after leaving Egypt. After leaving Rephidim, they entered the desert of Sinai and camped there in the desert, in front of the mountain, which Moses climbed to meet Eloah. And from there the Eternal called to him and said: 'Announce this to the people of Ya'akov; declare this to the people of Israel: "You are witnesses of what I did to Egypt, and how I carried you to me as on eagles' wings. Now, if you obey me fully and keep my covenant, then out of all nations you will be my treasured possession.

Although the whole earth is mine, you will be for me a kingdom of priests and a holy nation." Communicate all this to the Israelites.' Moses returned and summoned the elders of the people to set before them all the words that the Eternal had commanded him to speak, and the people all responded together, 'Naase Venishma' We will do everything the Eternal has said.'

The leader continues the reading; we must prepare ourselves as the proclamation of the Ten Commandments approaches.

So Moses brought their answer back to the Eternal, and the Eternal said to him: 'I am going to come to you in a dense cloud so that the people will hear me speaking with you and will always put their trust in you.' Moses told the Eternal what the people had said, and the Eternal said to him: 'Go to the people and consecrate them today and tomorrow. Have them wash their clothes and be ready by the third day, because on that day the Eternal will come down on Mount Sinai in the sight of all the people. Only when the ram's horn sounds a long blast may they approach the mountain.' After Moses had gone down the mountain to the people, he consecrated them, and they washed their clothes. Then he said to the people, 'Prepare yourselves for the third day. Abstain from sexual relations.' On the morning of the third day, there was thunder and lightning, with a thick cloud over the mountain, and a very loud trumpet blast. Everyone in the camp trembled.

Then Moses led the people out of the camp to meet with Eloah, and they stood at the foot of the mountain. Mount Sinai was covered with smoke because the Eternal descended on it in fire. The smoke billowed up from it like smoke from a furnace, and the whole mountain trembled violently, and the sound of the trumpet grew louder and louder.

Then Moses spoke, and Eloah answered him with thunder. The Eternal descended to the top of Mount Sinai and called Moses to the top of the mountain. So Moses went up, and the Eternal said…"

> We will now hear the commandments; we must not allow any distractions or conversations.

Brothers and Sisters of the House of Israel, in memory of that day when the Torah was given to the Hebrew people after leaving Egypt, and they heard the Ten Divine Declarations, let us all stand in total silence and listen to each of the ten commandments preceded by the sound of the shofar. After each commandment, with the firm intention of receiving the Torah in our hearts and renewing our covenant with HaShem and reaching the stature of the Mashiach, let us say Amen after each commandment.

> All present stand up; before mentioning each commandment, it is preceded by the blast of the shofar (a blast called: Tekiah), then the commandment is mentioned, and the people respond Amen.

Aseret Hadibrot
עשרת הדברות
The Ten Declarations

First Commandment preceded by the sound of the Shofar:
(shofar "Tekiah")

אָנֹכִי יהוה אֱלֹהֶיךָ

Anochí Adonai Eloheicha
I am the Eternal,
your Eloah.

א

Second Commandment preceded by the sound of the Shofar:
(shofar "Tekiah")

לֹא־יִהְיֶה לְךָ אֱלֹהִים אֲחֵרִים, עַל־פָּנָי

Lo ichié Lechá Elohim Acherim Al Pana
You shall have no other gods before me.

ב

Third Commandment preceded by the sound of the Shofar:
(shofar "Tekiah")

לֹא תִשָּׂא אֶת־שֵׁם יהוה אֱלֹהֶיךָ, לַשָּׁוְא

Lo Tisá Et Shem Adonai Eloheicha Lashav
You shall not take the name of the Eternal your Eloah in vain.

ג

www.ani-ami.org

שבועות
Shavuot Seder

Fourth Commandment preceded by the sound of the Shofar: (shofar "Tekiah")

זָכוֹר אֶת-יוֹם הַשַׁבָּת, לְקַדְּשׁוֹ

Zajor Et Yom HaShabat Lekadeshó
Remember the Sabbath day to keep it holy.

ד

Fifth Commandment preceded by the sound of the Shofar: (shofar "Tekiah")

כַּבֵּד אֶת-אָבִיךָ וְאֶת-אִמֶּךָ

Cabed Et Abeicha Ve Et Imecha
Honor your father and your mother.

ה

Sixth Commandment preceded by the blowing of the Shofar: (Shofar "Tekia")

לֹא תִרְצָח

Lo Tirtzach
You shall not murder

ו

Seventh Commandment preceded by the blowing of the Shofar: (shofar "Tekia")

לֹא תִנְאָף

Lo Tinaf
You shall not commit adultery

ז

Eighth Commandment preceded by the blowing of the Shofar: (shofar "Tekia")

לֹא תִגְנֹב

Lo Tignob
You shall not steal.

ח

Ninth Commandment preceded by the blowing of the Shofar: (shofar "Tekia")

לֹא־תַעֲנֶה בְרֵעֲךָ עֵד שָׁקֶר

Lo Taané Bereacha Ed Sheker
"You shall not bear false witness against your neighbor."

ט

Tenth Commandment preceded by the blowing of the Shofar: (shofar "Tekia")

לֹא־תַחְמֹד

Lo Tachmod
"You shall not covet."

י

If conditions permit, all families pass under the chuppah or the platform and touch the Torah Scroll as a sign of renewing their vows. Once they touch and revere the Torah Scroll, they return to their seats.

14. Shulchan Orech
Thanksgiving Meal

This is the festive banquet itself, for which we must strive to make it as delicious and varied as possible, with delightful dishes and desserts.

After the meal, the poem Yigdal Elohim (Exalted be Eloah) is recited.

Exalted be the living Eloah and praised; He exists, and there is no limit to His existence. And say Amen.

He is One and Unique, and there is no unity like His. His unity is inscrutable and infinite. And say Amen.

He has no semblance of a body nor is He corporeal; His holiness has no comparison. And say Amen.

He preceded every being that was created; He is the first, and nothing precedes Him. Behold, He is the Master of the universe for all creation. He manifests His greatness and His sovereignty. And say Amen.

His prophetic emanation He granted to His treasured and splendid people. And say Amen.

No other arose in Israel like Moses, a prophet who perceived His vision clearly, and who announced to Israel that the Eternal would send another prophet, greater than he, to consummate the redemption of all Israel and the world. And say Amen.

A Torah of truth Eloah gave to His people, through His prophet Moses, a faithful servant in His entire house. And say Amen.

Eloah will neither change nor replace His law with another; His word is faithful for all eternity. And say Amen.

He foresees and knows our deepest secrets; He perceives the end of every matter from its beginning. And say Amen.

He rewards kindly every man according to his deeds and imposes evil upon the wicked according to his wickedness. And say Amen.

In the end of days, He will send our Messiah again to redeem those who await His final salvation. And say Amen.

Eloah will resurrect the dead in His abundant kindness. Blessed be His exalted name forever and ever. And say Amen.

The Torah of Moses is truth, and so is His prophecy. Blessed is His exalted name forever and ever. And say Amen.

15. Kidush
Blessing over the fourth cup

Proceed to serve the fourth cup and say the following:

Let us all raise the Fourth Cup, representing the Fourth Book of the Torah, the Sefer Bemidbar, and may the merit of this book bring us all days of peace and not war, days of abundance and not scarcity, days of health and not illness, days of breadth and not narrowness, days of joy and not sadness. For peace, abundance, health, breadth, and joy, and a year of fruit, much fruit, and enduring fruit. L'Chaim!

Proceed to take the fourth cup in the right hand and drink from it. Immediately serve the fifth cup.

16. Kadish LeMashiach
Sanctification said by the Messiah

All present stand, and in Hebrew, the principal recites the Kaddish. (Matthew 6:9-13)

שבועות
Shavuot Seder

אָבִינוּ שֶׁבַּשָּׁמַיִם	Avinu shebashamaim
יִתְקַדַּשׁ שְׁמֶךָ:	itkadash shimcha
תָּבֹא מִמְּךָ מַלְכוּתְךָ	tavo mimcha malchutcha,
יֵעָשֶׂה רְצוֹנְךָ	ieáseh retzoncha
כַּאֲשֶׁר בַּשָּׁמַיִם גַּם בָּאָרֶץ:	kaasher bashamaim gam baaretz,
אֶת-לֶחֶם חֻקֵּנוּ תֶּן-לָנוּ הַיּוֹם:	et lechem chukenu ten lanu haiom,
וּסְלַח לָנוּ עַל-חֲטָאֵינוּ	uslach lanu al chataenu
כַּאֲשֶׁר מָחַלְנוּ גַּם אֲנַחְנוּ לְחַיָּבֵינוּ:	kaasher machalnu gam anachnu lejaiabenu
וְאַל תִּתֵּן לָנוּ לִפּוֹל לִידֵי נִסָּיוֹן	veal titen lanu lipol lidei nisaiom
כִּי אִם תְּחַלְּצֵנוּ מִן הָרָע	ki im tzchaltzenu min hará
כִּי לְךָ הַמַּמְלָכָה וְהַגְּבוּרָה	ki lechá hamamlacha vehageburah
וְהַתִּפְאֶרֶת לְעוֹלָם וָעֶד: אָמֵן	vehatiferet leolam vaed. Amén.

At the conclusion of the Messiah's Kaddish, everyone remains standing and the fifth cup is lifted with the right hand.

17. Kidush

Blessing over the fifth cup

Before drinking from the fifth cup, say the following:

For the Fifth Book of Moses, the Sefer Devarim, with the Song of Freedom, with the Song of Blessing, with the Song of the Shema, with the Song of the entire Torah, for the elimination of any bad judgment upon the trees, for the elimination of all evil decrees, for a good and abundant harvest in Israel and the world. L'Chaim!

We proceed to drink from the fifth and final cup of wine, which represents the fifth book of the Torah (Devarim/Deuteronomy).

18. Birkat Hamazon
Blessing after the meal

When a man or woman consumes an amount of bread the size of at least a kezayit (29 grams or the size of an olive), they must recite the Birkat Hamazon -Blessing for Sustenance- once the meal is concluded. This blessing is a biblical commandment documented in the book of Devarim/Deuteronomy 8:10.

This blessing is said while seated; one should not be distracted when reciting it and should do so with respect and gratitude to the Creator. It is customary during the week to remove metal utensils from the table when saying the blessing. After eating, it is customary to wash the fingers up to the knuckles. This blessing is called Mayim Acharonim -Final Waters.

Blessed are You, Eternal, our Eloah, Sovereign of the Universe, Eloah who nourishes us and the whole world with grace, kindness, comfort, and mercy. He provides bread to all creatures because His kindness is eternal. In His great goodness, we have never lacked and will never lack sustenance. For Hashem nourishes and sustains all, His table is prepared for all, and Hashem prepares food and sustenance for all His creatures with mercy and great kindness, as it is written in Psalm 145: "You open Your hand and satisfy the desire of every living thing." **Blessed are You, Eternal, who sustains all and nourishes all His creation.**

We thank You and bless Your name, as it is written in the Torah, in the Book of Deuteronomy/Devarim 8:10: "You will eat and be satisfied, and you will bless the Eternal, your Eloah, for the good land He has given you." **Blessed are You, Eternal, for the good land and for the sustenance.**

> Some have the custom to say the following paragraph:

Avinu ShebaShamayim: Give us peace, give us food, sustenance, and prosperity; deliver us from all our tribulations. And please, do not make us dependent, Oh Eternal, our Eloah, on donations or loans from mortals, but only on Your full and ample hand, rich and open. May it be Your will that we are not shamed in this life nor humiliated in the world to come.

Restore today the reign of your righteous Messiah, and rebuild the Beit Hamikdash (Holy House), the place where we will offer You sacrifices of praise and thanksgiving under the direction of the Messiah Yeshua. Blessed are You, Eternal, who rebuilds Your Holy House, and brings back Yeshua as Messiah ben David, may it be soon and in our days. (Quietly:) Amen.

> The following paragraph is said by a guest:

May the merciful God bless this table upon which we have eaten; may He provide it with all the delicacies of the world and make it like the table of our Father Abraham, ready for all who are hungry and thirsty. May no kind of good be lacking on this table. May the merciful God bless the owner of this house; him, his children, his wife, and all that is his. May God preserve all his children and multiply his possessions. May the Eternal bless his home, and may the work of his hands be well received. May his and our business prosper and be close. May no situation leading to sin or thoughts of iniquity arise for him or us. May he always be happy and joyful, all the days; with wealth and honors, from now and forever. And may he and we always be seen from heaven through the merits of the Messiah Yeshua. Amen.

"Let's bless."

"Sefardic Song"

Let us bless the Most High, the Lord who created us,
Let us give thanks for the good He has given us.
Praise be His Holy Name, for He has always had mercy on us.

Praise the Lord for He is good, His mercy endures forever.
Let us bless the Most High, for His Law first and foremost,
Which binds our People to Heaven continuously.
Praise be His Holy Name, for He has always had mercy on us.

Praise the Lord for He is good, His mercy endures forever.
Let us bless the Most High, for the Bread secondly,
And for all the delicacies we ate together.

We ate and drank joyfully, His mercy never failed us.
Praise the Lord for He is good, His mercy endures forever.
Blessed be our house, the Home of His presence,
Where we keep His festivals with joy and permanence.
Praise be His Holy Name, for He has always had mercy on us.

Praise the Lord for He is good, His mercy endures forever.
Give thanks to the Lord for He is good, His mercy endures forever.

Give thanks to the Lord for He is good, His mercy endures forever.

שבועות
Shavuot Seder

We say to each other with deep faith:

LeShaná Habaá BiYerushalaim

This blessing and prophetic words, translated, mean:

"Next year in Jerusalem!"

Thus concludes the Shavuot Night Seder, and we proceed to clean up and tidy the house, leaving it ready for the next day.

Made in the USA
Columbia, SC
03 June 2024